LE
PRINCE DE JOINVILLE

PENDANT LA

CAMPAGNE DE FRANCE

PAR

Auguste BOUCHER

ANCIEN ÉLÈVE DE L'ÉCOLE NORMALE SUPÉRIEURE.

ORLÉANS
H. HERLUISON, Libraire-Éditeur
RUE JEANNE-D'ARC, 17.

PARIS
DOUNIOL, Libraire-Éditeur
RUE DE TOURNON, 29.

1873

LE
PRINCE DE JOINVILLE

PENDANT LA

CAMPAGNE DE FRANCE.

FRANÇOIS-FERDINAND-PHILIPPE-LOUIS-MARIE

D'ORLÉANS,

PRINCE DE JOINVILLE.

AVANT-PROPOS.

Dans l'histoire de l'armée de la Loire, dont j'ai commencé à écrire quelques pages (1), j'ai trouvé la légende du colonel Lutteroth, c'est-à-dire la mémoire du prince de Joinville, venu pour prendre sa place de Français et de soldat parmi les vainqueurs de Coulmiers et les vaincus du Mans.

Cette légende, quand je voulus la connaître en historien studieux du vrai et jaloux de l'exactitude, me parut plus inté-

---

(1) *Récits de l'invasion, Journal d'un bourgeois d'Orléans*, par Auguste Boucher. Orléans, libr. Herluison.

ressante encore, plus instructive et plus touchante que je ne l'avais supposé. Il était facile d'y reconnaître quelque chose d'héroïque dont le souvenir doit honorer la France; on pouvait y recueillir des renseignements utiles à ceux qui raconteront un jour notre lamentable guerre de 1870-71; on y rencontrait aussi des exemples de patriotisme et d'abnégation dont nous tous, fils malheureux et désunis de la France, nous n'avons que trop besoin, pour lui rendre sûrement sa fortune et sa gloire d'autrefois.

C'est sous l'empire de ces sentiments que ce récit a été fait (1).

Il est, j'ose le dire, d'une véracité abso-

______

(1) Ce récit a été publié dans le *Correspondant*, nos du 25 août et du 10 septembre 1873.

lue. Mais, en affirmant ainsi qu'il mérite la foi du lecteur, je manquerais à un devoir de reconnaissance, si je ne remerciais publiquement Mgr Dupanloup, évêque d'Orléans, et M. le comte B. d'Harcourt, député du Loiret, des informations précises dont ils ont bien voulu me fournir le secours.

Puisse ce petit livre, en rappelant quelques-unes de nos calamités nationales, contribuer pour sa part, si faible qu'elle soit, à l'amour de notre patrie, et inspirer le désir de la bien servir! C'est, dans cette publication, la vive ambition de mon cœur.

Auguste BOUCHER.

Orléans, le 4 septembre 1873.

LE PRINCE DE JOINVILLE

PENDANT LA CAMPAGNE DE FRANCE

(7 AOUT 1870 — 5 JANVIER 1871)

I.

Aux jours de paix où, prospère et glorieuse, la patrie porte fièrement sa couronne parmi les nations, il est dur à l'exilé de vivre loin d'elle; mais cet éloignement lui est plus cruel encore, quand il la voit risquant ses destinées, anxieuse, engagée dans une lutte inégale, et déjà ne tenant plus son drapeau que d'une main défaillante. Il souffre de se savoir privé à pareille heure des droits les plus simples du patriotisme : il s'indigne de ne pas pouvoir donner à son pays la vie

qu'il lui doit, le sang que, librement et sans refus,
l'aventurier lui offre et que le mercenaire lui vend ;
il ne s'attriste plus seulement d'être un proscrit,
il s'en étonne ; car la proscription lui semble alors
moins naturelle et moins nécessaire qu'en aucun
autre temps. Et puis, l'exilé se trouve plus seul
que jamais au milieu de ces hommes d'une autre
race et d'un autre cœur, près de qui lui arrivent
les nouvelles de la patrie en péril, de ses efforts
et de ses combats : les victoires, il n'en peut
partager avec eux ni l'orgueil ni la joie ; il est
devant eux plus timide de son allégresse ; les
défaites, elles lui paraissent sous leurs yeux bien
plus humiliantes ; car, ou leur rivalité s'en ré-
jouit, ou leur indifférence est sévère à ses compatriotes malheureux, ou leur tristesse même est
insuffisante à son affliction. Mais surtout, l'exilé
sent qu'avec l'honneur de sa nation le respect a
diminué pour son propre nom, quand, au lieu de
représenter un peuple craint ou admiré, il n'est
plus que le fils errant d'un peuple sans force et
sans renom, l'enfant d'un peuple qui disparaît.
Oui, c'est une douleur affreuse que d'apercevoir,
assis au foyer de l'étranger, la patrie qui là-bas

se ruine et va périr, et de n'avoir pas même alors la consolation de pouvoir mourir avec elle. Et cette douleur a quelque chose de plus rigoureux encore pour l'exilé, s'il est prince, parce qu'il trouve, pour l'écarter de son pays, des défiances et des haines plus inexorables pour lui que pour personne. Il voit ses compagnons d'exil y rentrer presque inaperçus, à la faveur de leur obscurité : lui, l'éclat de son titre est comme une lumière qui le signale aux soupçons qui le surveillent. Propose-t-il l'assistance de son dévouement, on la refuse : on lui fait l'injure de le croire incapable d'abnégation. Et, contraint à rester ainsi l'inerte spectateur des luttes où succombe sa patrie, il est dévoré de tant de regrets qu'il en pourrait maudire sa naissance. Certes, toutes les âmes d'exilés se valent dans l'amour du lieu natal et le chagrin de l'absence ; mais si, par surcroît, on est le descendant d'une famille qui, pendant des siècles, avait préparé la gloire et assuré la grandeur de son pays, n'est-il pas plus lamentable encore que pour aucun autre d'assister à la perte de tout ce que ses aïeux y avaient laissé de puissance et de splendeur ?

Tous ces sentiments agitèrent les cœurs des princes d'Orléans, à la nouvelle que la France et la Prusse tiraient l'épée l'une contre l'autre. Depuis vingt-deux ans qu'ils étaient dans l'exil, ils n'avaient pas cessé un seul jour d'aimer la France de plus en plus. Et soit qu'ils racontassent avec fierté la dernière résistance de la France à Alésia ou les premiers exploits de nos zouaves et de nos chasseurs à pied ; soit qu'à grands traits leur plume retraçât les campagnes d'Afrique pendant la période de 1835 à 1840, ou qu'elle décrivît exactement, aux bords du Rhin, ces champs de bataille abreuvés du sang de la France, où, conduite par Turenne et Condé, Moreau et Napoléon, elle a tant de fois fait trembler l'Europe sous le poids de ses armes triomphantes ; soit qu'ils célébrassent les mérites de notre marine, ou qu'au lendemain de Sadowa, mesurant d'un œil inquiet la force et l'ambition de la Prusse, ils avertissent leur pays déjà menacé ; soit qu'à une extrémité du monde, leur main recueillît les noms de leurs compatriotes morts dans une mission glorieuse pour la France, et leur élevât pieusement un monument funéraire : ils avaient toujours, par leurs pensées et leurs écrits, c'est-à-dire par les seuls actes qui leur fussent possibles dans l'exil, « cette autre mort, » ils avaient toujours témoigné à la patrie une tendre et fidèle affection. Leur âme s'émut donc, non moins que celle d'aucun Français, quand ils apprirent la déclaration de guerre. Ils se souvinrent qu'à Valmy, leur père et aïeul, alors duc de Chartres, avait combattu ces mêmes Prussiens dans l'invasion de 1792 ; et surtout il dut leur revenir à la mémoire que le duc d'Orléans, dans une lettre au roi Louis-Philippe, leur avait laissé ces belles paroles, comme pour être leur conseil dans toutes les difficultés du devoir : « Toutes places où l'on peut servir la France sont bonnes, et celle où l'on fait le plus de sacrifices pour le pays est véritablement la première. »

A la veille de ces terribles hostilités, les princes d'Orléans sentirent plus vivement que durant les guerres de Crimée et d'Italie la dureté du sort qui les exilait de l'armée française. Ils n'ignoraient pas, en effet, la gravité de la lutte. Ni la Russie, aux distants rivages de Sébastopol, ni l'Autriche, aux plaines de Magenta et de

Solférino, ne menaçaient la France comme allait le faire, aux bords du Rhin, cette Prusse, victorieuse à Sadowa, commandée par M. de Moltke, et si savamment préparée à ce grand duel. Les princes d'Orléans, dans ce redoutable péril de leur pays, maudissaient l'inaction qui les laissait étrangers à la fortune de la France ; et leur tristesse en était d'autant plus amère que tous, par race, par éducation et par devoir, ils étaient hommes de guerre. Le duc d'Aumale avait montré un brillant courage aux combats de l'Affroun, du col de Mouzaïa et du bois des Oliviers, à la prise de Smala, dans l'expédition de Biskara et dans la pacification des Kabyles de l'Ouarensenis ; le duc de Nemours avait été un soldat intrépide au siége d'Anvers, dans la retraite de Constantine, plus tard à l'assaut meurtrier de cette ville, puis sur les bords du Chélif ; le prince de Joinville avait eu toute la fougue de la vaillance française à l'attaque de Saint-Jean-d'Ulloa, devant les portes qu'il forçait à la Vera-Cruz, au bombardement de Tanger et sous ces murs de Mogador où il courait à l'ennemi, une cravache à la main, en tête des tirailleurs. Les fils avaient été dignes de leurs pères. Le comte de Paris avait servi dix mois avec son frère sous le drapeau des États-Unis, dans la guerre de la Sécession ; et l'Amérique les avait vus donnant, pour l'honneur de leur patrie et de leur nom, tous les exemples du devoir militaire au siége de York-Town, aux batailles de Williamsburg et de Fair-Oaks, et dans cette immense mêlée de Gaine's-Hill, où ils se jetaient, l'épée à la main, au milieu des vainqueurs et des fuyards, pour ramener au feu les fédéraux poursuivis et dispersés. Le duc de Chartres avait déjà combattu, en 1859, dans les rangs de l'armée piémontaise, près des soldats de Palestro et de Magenta. Le comte d'Eu, à dix-huit ans, excitait, par son élan et sa bravoure, l'admiration des cavaliers d'O'Donnell, en chargeant avec eux les Marocains devant Tétouan ; devenu général en chef des armées du Brésil, il avait glorieusement achevé la guerre du Paraguay. Au sortir de l'école de Ségovie, le duc d'Alençon avait été dans les Philippines commander une batterie, et il pénétrait, lui troisième des assaillants, dans un fort auquel les Espagnols donnaient l'escalade. Le duc de Penthièvre était un hardi marin : c'est pendant la guerre de la Sécession, qu'il était monté comme lieutenant sur un vaisseau des États-Unis. Ces jeunes princes avaient ainsi couru partout où, dans le monde, il y avait à faire dans une bataille l'essai de son cœur et l'apprentissage de sa vie : ils avaient dû demander à l'étranger l'honneur d'apprendre à regarder la mort en face dans un combat. Aujourd'hui, la France tentait une entreprise périlleuse ; elle y pouvait perdre, avec le prestige de sa vieille gloire, une portion même de ses plus chères frontières ; et les princes d'Orléans étaient condamnés à rester à l'écart de ce grand drame de notre histoire où tout les appelait, vertus du sang, goûts militaires, instincts patriotiques et souvenirs du passé.

Toutes ces pensées leur devinrent plus douloureuses encore, quand la France, contre tout espoir, se vit vaincue à Spickeren et à Reichshoffen. Certes, ils ne se seraient plaints que pour eux-mêmes d'une guerre faite sans eux sur les rives tant de fois disputées du Rhin, si du moins ils avaient eu, pour compenser leurs regrets personnels, la joie de suivre du regard les aigles de la France volant à Munich et à Berlin. Mais, dans le désastre, ce n'était plus pour eux un honneur seulement que d'être au milieu de nos armées tout à coup troublées et incertaines : c'était un devoir, un devoir de défense déses-pérée, qu'ils avaient le droit de partager avec le paysan d'Alsace et de Lorraine, avec toute la France envahie. Le prince de Joinville, serviteur passionné de son pays dans l'exil comme sur la terre natale, sentit ce devoir et comprit ce droit avec la généreuse vivacité de son âme si française. Il était à Spa, quand on annonça l'héroïque défaite du maréchal de Mac-Mahon et celle du général Frossard. Il ne se demanda pas si le refus était possible, il s'offrit. Immédiatement, il envoya à l'amiral Rigault de Genouilly, son ancien compagnon d'armes, une dépêche ainsi conçue : « En face des dangers de la patrie, je demande à l'empereur d'être employé n'importe à quel titre, et à mon vieux camarade de m'aider à l'obtenir. »

C'eût été grand que d'accorder cette faveur si noblement implorée : Napoléon III eût égalé le prince de Joinville en abnégation. C'eût été beau que de montrer la France réunissant devant l'ennemi toutes ses dynasties et tous ses enfants. C'eût été politique aussi : le prince qui eût osé donner cette permission au nom de la patrie, s'élevait par une telle magnanimité au-dessus de l'ingratitude comme au-dessus du reproche. Mais hélas ! les gouvernements savent-ils se soustraire aux jalousies et aux terreurs du pouvoir ? D'ailleurs, le désordre était déjà dans les conseils de l'empire et l'égoïsme l'aveuglait. L'impératrice priait doucereusement le général Trochu d'aviser s'il ne faudrait pas, dans ces calamités de la France, « rappeler les princes d'Orléans. » Ce n'était qu'une question insidieuse. L'un d'eux était venu se présenter, oubliant l'empire pour la France, et ses titres pour son devoir : on n'hésita pas à l'éconduire. On ne fit au prince de Joinville aucune réponse directe. Seulement, l'amiral Rigault de Genouilly pria un de ses amis, qu'il savait dévoué au prince, de lui écrire que, si la décision eût dépendu de lui, elle eût été favorable ; mais il avait dû porter la dépêche du prince de Joinville au conseil des ministres, et là il avait été déclaré que le Corps législatif, ayant récemment refusé d'abroger les lois d'exil qui éloignaient de la France les princes d'Orléans, les « ministres constitutionnels » de l'empereur ne pouvaient pas lui soumettre la demande du prince. Cette hypocrisie de langage était adroite ; mais ce formalisme parlementaire était plaisant ; et assurément, à pareille heure et sous ces Tuileries impériales, il y avait bien dans la pudeur de ce respect législatif quelque chose d'ironique et d'inattendu !

La nouvelle de la capitulation de Sedan fut un coup de foudre pour les princes d'Orléans comme pour nous tous ; la France était frappée et déshonorée comme elle ne l'avait jamais été ; elle se trouvait dans un danger qu'on ne croyait plus possible à sa puissance, à ses armes glorieuses, à sa grande population. Les princes n'hésitèrent pas : ils voulurent venir sans retard chercher dans leur pays envahi la place du devoir et le poste de l'honneur. Une révolution avait brisé l'empire, le 4 septembre : la France n'avait plus de gouvernement ; il ne lui restait qu'une armée. Cet événement rendait-il aux princes d'Orléans la liberté de rentrer dans la patrie ? Ils pouvaient le croire. Au reste, comme ils se présentaient en soldats et non pas en prétendants, comme il leur eût répugné qu'on pût les soupçonner d'accourir mus par l'ambition du pouvoir, ils résolurent d'agir comme s'ils n'étaient pas libres : ils décidèrent de demander aux chefs de la défense nationale la permission d'unir leur épée à celle de tout bon Français ; et ce fut pour mieux témoigner encore ce sentiment de respectueuse abnégation que le comte de Paris demeura sur la terre d'exil, et que seuls, le prince de Joinville, le duc d'Aumale et le duc de Chartres la quittèrent. Quelle émotion au fond de leurs âmes ! Voilà les Ardennes, les plaines et les bois de la patrie ! Ils respiraient l'air de la France ! Inconnus et perdus dans la foule, ils étaient entourés de leurs chers et malheureux compatriotes. Mais comment la revoyaient-ils, cette France, sur les routes attristées qu'ils suivaient ? C'était avec un spectacle affreux sous leur regard ; c'était au milieu des alarmes et de l'émoi de toute la nation ; c'était dans un moment de trouble où le ciel de la France était à peine doux à voir, à une heure où, loin de pouvoir recueillir leur cœur d'exilés dans le mystérieux et tendre plaisir du retour, ils n'avaient pas une larme de joie à répandre, et où il leur devenait impossible de sentir leur bonheur. A la frontière de Belgique, ils rencontrèrent d'abord les fuyards qui s'étaient échappés de Sedan : le duc d'Aumale recherchait en eux les troupes valeureuses qu'il avait commandées en Afrique ; le prince de Joinville se demandait où étaient les soldats qu'il avait vus bondir sur l'ennemi, au Maroc ; le duc de Chartres pensait à ses compagnons d'armes d'Italie. Les princes, navrés, muets, les larmes aux yeux, traversèrent la masse des débandés pour gagner le chemin de fer ; et, se mêlant aux régiments que le général Vinoy ramenait à Paris, ils y arrivèrent pêle-mêle avec eux dans la nuit du 5 au 6 septembre. Ils souffraient une douleur indicible en pénétrant ainsi, à la dérobée et au milieu de si dramatiques circonstances, dans la ville où nos rois, leurs aïeux, avaient créé la patrie française, et où, après vingt-deux années, ils ne pouvaient venir regarder les Tuileries, leur maison paternelle, que pour y apercevoir, régnant sur les débris de deux trônes tombés, les républicains de 1848 et de 1870, M. Jules Favre et M. Gambetta !

A peine arrivés à Paris, les princes, plus préoccupés de leurs devoirs de loyauté et de patriotisme que d'aucune autre pensée, chargèrent deux de leurs amis, M. d'Haussonville et M. Bocher, de se rendre près du général Trochu et de M. Jules Favre, pour les avertir de leur présence et solliciter la permission de servir dans l'armée française. « Les princes d'Orléans, dirent M. d'Haussonville et M. Bocher, ne sont que des Français et des gens d'épée qui vous prient de les admettre dans l'armée de la défense nationale. L'heure a ses embarras et ses dangers, ils le savent : c'est l'amour de la France qui seul les amène ; ils veulent écarter d'eux jusqu'aux moindres apparences de spéculation politique, et voilà pourquoi leur premier acte, sur cette terre de France qu'ils sont heureux de sentir sous leurs pieds, toute tremblante qu'elle est, c'est de vous donner avis de leur arrivée ; c'est de s'adresser à vous régulièrement et de vous soumettre loyalement leur demande, sans rappeler un seul de leurs titres, sans invoquer un seul de leurs droits. Ils veulent comme vous, et auprès de vous, sauver la patrie ; et comme tout le monde, avec tous les bons citoyens, ils veulent prendre part aux derniers efforts que va faire la France. Ils espèrent que ce vœu légitime, votre cœur le comprendra, et que votre gouvernement, qui prend si noblement un nom de désespoir patriotique et de tolérance politique, ne leur refusera pas de partager avec des Français l'honneur du combat et le péril de la mort. »

Le général Trochu et M. Jules Favre, d'abord surpris, commencèrent par remercier les princes de cette franche et délicate communication. Mais, en reconnaissant combien cette démarche était noble, ils leur opposèrent un refus absolu. Ils prétendirent que la présence des princes d'Orléans causerait une vraie émotion dans la population de Paris, encore si fiévreuse, si agitée et si difficile à maîtriser : ce serait peut-être la guerre civile s'ajoutant à tous les autres maux.

« Nous les conjurons, en faisant appel à leur patriotisme, dirent-ils, de s'en aller le plus tôt possible. Ce n'est, au reste, qu'un éloignement momentané que nous leur demandons : bientôt les circonstances seront moins défavorables sans doute. Aujourd'hui, nous les prions de nous épargner une perplexité pénible et des hasards dangereux. »

Les princes n'essayèrent ni de discuter ni d'atermoyer. Ils obéirent simplement. Le soir même, ils retournaient en Angleterre.

Ils avaient raison d'obéir : aux mauvais jours, aux heures douteuses, il est juste que le bon citoyen soit généreux de sa docilité ; car on ne fait jamais trop de sacrifices à la patrie. Mais si les princes d'Orléans cédaient, on n'était armé d'aucun droit pour les y contraindre. Nous concevons qu'en ce moment de crise, M. Jules Favre et le général Trochu jugeassent utile à la paix publique l'éloignement des princes d'Orléans : la révolution bouillonnait encore dans Paris. Mais ce devait être seulement une mesure temporaire ; et d'ailleurs, ce qui pouvait paraître périlleux alors dans les murs de Paris pouvait ne pas l'être sur les bords de la Loire : la France apprenant que trois princes d'Orléans étaient au feu, se battant et souffrant avec ses soldats, eût-elle cru qu'ils s'occupaient devant l'ennemi et la mort à d'autres soins qu'à leur devoir militaire ? eût-elle pris peur de leur courage ? eût-elle reproché à son gouvernement d'avoir permis qu'ils honorassent par un si bel exemple leur pays, leur famille et notre histoire, devant l'Europe et la Prusse ? Non, sans doute. Mais quoi qu'il en soit, personne dans ce conseil assemblé de lui-même, où M. Rochefort s'asseyait près du général Trochu, où M. Gambetta siégeait près du général Leflô, personne n'avait le droit soit de fermer les portes de la France aux princes d'Orléans, soit de les chasser des champs de bataille où ils combattaient sous son drapeau. Le gouvernement n'était alors ni la république ni la monarchie, mais celui de la défense nationale ; le gouvernement n'était à personne, et nul prétendant, royal ou populaire, n'y devait viser et le saisir. Mais le salut de la France était à tout le monde ; et de tous les Français qui pouvaient y aider, pas un n'en devait être empêché. Dans cet interrègne de la nation, il eût été plus qu'étrange, il eût été criminel qu'on osât à son gré et au nom d'un parti, exclure de l'armée française tel enfant de

race royale ou tel enfant du peuple, ici les libé-
raux et là les conservateurs : la France voulait
se sauver par la main de tous ses fils ; elle réser-
vait ses destinées politiques, elle ne songeait
qu'à sa vie et à son honneur. On ne peut donc le
nier : les princes d'Orléans n'avaient pas moins
de titres qu'aucun autre citoyen à lui vouer leurs
services ; ils étaient dans le droit commun. Et
après tout, si sous le prétexte de servir la France,
ils venaient moins tenir l'épée que conduire des
intrigues ; si on les voyait, non présenter leur
poitrine aux balles, mais machiner, à l'écart des
combats, les moyens de tourner au profit d'une
usurpation les calamités de la patrie, qui donc
ne se serait levé pour les frapper de la malédic-
tion nationale ? Et ne se seraient-ils pas exposés
eux-mêmes à tous les châtiments de la France ?

II.

Les princes d'Orléans auraient pu protester contre le refus de M. Jules Favre et du général Trochu. Ils se turent néanmoins, ils subirent cette humiliation dans le silence de leur tristesse patriotique. Cependant, à la vue des désastres qui se préparaient encore, à la vue de Paris enfermé, de Metz bloqué et de leur pays sans armée, ils sentaient leur cœur frémir d'impatience. Ce danger de guerre civile qu'avait appréhendé le gouvernement de Paris, le gouvernement de Tours le croirait-il possible en province? Cette appréhension concevable le 5 septembre, était-elle justifiable vingt jours après ! Si même on ne voulait pas les introduire sous leur propre nom dans un régiment, refuserait-on de les prendre comme les plus obscurs soldats et cachés sous l'anonyme, dans une troupe quelconque ? Telles étaient les pensées qu'agitaient entre eux le prince de Joinville et le duc de Chartres. Et persuadés que les motifs à l'aide desquels on les repoussait naguère ne subsistaient plus, supposant qu'à pareille heure on ne pouvait plus s'effrayer de leurs services, ils partirent. Ils eurent quelque peine à dissimuler leur départ : une certaine police les surveillait. Mais, à force d'adroites manœuvres, ils déjouèrent cette surveillance et débarquèrent au Havre le 26 septembre. Ils arrivèrent à Tours sans avoir été reconnus sur la route ; ils y arrivèrent presque en même temps que la lettre suivante, à l'avance envoyée par le prince de Joinville à l'amiral Fourichon, ministre de la guerre et de la marine :

« Amiral,

« Je lis au bas d'une proclamation, adressée à la France par le gouvernement de la défense nationale et signée de vous, ces mots : « La France compte sur tous ses enfants. » Le moment est passé où je pouvais m'incliner devant des défiances contre lesquelles proteste ma vie tout entière ; et j'accours sans autre but que de chercher où et comment je peux servir mon pays dans la crise terrible qu'il traverse.

« Toute place, quelque humble qu'elle soit,

sera bonne, qui me permettra de combattre les ennemis. Mais si vous, qui connaissez mieux que moi les ressources dont on dispose, vous croyez que je puisse être plus utile dans un lieu que dans un autre, ordonnez : je me mets entièrement sous vos ordres.

« Je vous écris, afin d'éviter toute équivoque sur ma présence en France, qui est signalée au gouvernement.

« A cette heure suprême, ceux-là seraient criminels que des intérêts de personne ou de parti pourraient préoccuper. Une seule pensée doit nous animer tous sans exception : nous serrer les uns contre les autres pour défendre la France jusqu'à la dernière extrémité et, Dieu aidant, la faire triompher. »

Dès qu'il fut à Tours, le prince de Joinville, espérant que l'amiral Fourichon, dont il connaissait l'ardent patriotisme, consentirait à l'entendre, se rendit au ministère de la marine. Le chef du cabinet, l'amiral Roussin, qui avait longtemps servi sous ses ordres, le reçut : en le reconnaissant, il fut saisi d'une émotion extraordinaire.

L'amiral Fourichon était alors engagé avec M. Crémieux et M. Glais-Bizoin dans ce pénible et fâcheux débat où il leur disputait l'honneur de l'armée et l'intérêt de l'ordre public, en leur contestant le droit de soumettre le général Mazure à M. Challemel-Lacour et aux démagogues de Lyon. Ce conflit dura plusieurs jours. L'amiral Fourichon se démit, on le sait, de ses fonctions de ministre de la guerre. Soit qu'il fût tout entier occupé à cette querelle, soit qu'il trouvât trop dur à son cœur affectueux de rebuter lui-même le prince de Joinville, il ne lui donna pas audience. Après une attente de quelques jours où le prince eut sous les yeux l'étrange spectacle qu'offrait alors la ville de Tours, il connut par la lettre suivante la décision du gouvernement :

« Tours, 4 octobre 1870.

« Prince,

« La lettre que vous m'avez fait l'honneur de m'écrire m'est parvenue hier au soir seulement. J'en ai tout de suite donné connaissance à MM. Crémieux et Glais-Bizoin. L'un et l'autre ont exprimé, dans des termes pleins de respect et de sympathie, la conviction que votre ardent désir de servir la France, dans la crise terrible qu'elle traverse, vous était inspiré par le plus pur patriotisme.

« Mais en même temps ils ont pensé, (et je partage leur avis), qu'il ne serait pas possible d'y satisfaire sans créer au gouvernement et à vous-même de trop sérieux embarras. Nous vous prions donc, quoi qu'il nous en coûte, d'attendre des circonstances plus favorables et de vous résigner encore aux douleurs de l'exil.

« *Signé* : FOURICHON. »

C'était à Tours le même arrêt qu'à Paris. Les princes, attristés et ne comprenant pas qu'on pût si obstinément les rejeter de leur pays, dans un péril national où tous les partis alliaient leurs armes, résolurent de rester en France : ils ne se sentaient plus la force de se détacher de son sol ; ils y aimaient mieux tous les dangers que l'exil ; et puisqu'on ne voulait pas les recevoir dans les rangs de l'armée régulière, pour y combattre à ciel ouvert et sous les yeux mêmes des plus défiants, peut-être réussiraient-ils à se faire admettre, sous des noms inconnus, dans quelque troupe de francs-tireurs, de mobiles ou de gardes nationaux. Ce serait encore participer à la défense du pays ; et, du moins, en dérobant ainsi, dans le mystère du devoir secrètement accompli, leurs titres et leurs souvenirs, ils ne porteraient plus ombrage à personne : on ne pourrait plus suspecter leur dévouement. C'est dans ces pensées, qu'étant retournés à Rouen, les princes se séparèrent, pour chercher, chacun où il pourrait, l'occasion de ce service clandestin auquel on réduisait leur patriotisme et dont leur cœur français était néanmoins satisfait.

Le duc de Chartres tenta d'abord de s'engager dans un bataillon des mobiles de la Seine-Inférieure. Mais il lui fut si difficile de se créer une nouvelle identité, qu'il y dut renoncer, de peur d'exciter les soupçons. Il n'était pas si aisé alors à un inconnu, à un étranger, de s'incorporer dans n'importe quelle troupe : il fallait des pièces authentiques ; il fallait des camarades ou des garants. Et c'était le moment où la suspicion était le plus aiguë, où la crainte des trahisons était le plus violente. Les princes, chacun de son côté, s'aperçurent bientôt qu'ils ne réussiraient que si un confident, un complice de leur généreux dessein, couvrait leur incognito de sa protection. Sinon, ils tomberaient dans les plus graves mésaventures. Le duc de Chartres eut la fortune de trouver ce secours dans la bonne volonté du commandant en chef des gardes nationales de la Seine-inférieure, M. Estancelin, un fidèle ami de sa famille. Et sous le nom, deux fois légendaire maintenant, de Robert le Fort, il commanda les guides du département ; avec ses éclaireurs, il alla défendre la vallée de l'Andelle, il se battit ; il s'acquit comme soldat et comme officier un grand renom de bravoure et d'intelligence ; et après de nombreuses affaires d'avant-poste, après le combat d'Étrepagny, où le général Briand le distingua, il fut admis dans l'état-major du 19ᵉ corps. Il avait brillé, et personne ne l'avait reconnu ; il ne s'était pas épargné, et Dieu l'avait gardé. A la fin de la campagne, il était chef d'escadron d'état-major dans l'armée auxiliaire ; il avait été utile à son pays dans les négociations de l'armistice comme sous le feu de l'ennemi : on décorait Robert le Fort sans connaître le duc de Chartres. Le jeune prince avait donc été heureux : il avait fait quelque chose pour sa patrie, simplement, modestement, glorieusement !

Le prince de Joinville n'eut ni ce bonheur ni cet honneur. Sa notoriété et son âge rendaient encore plus hasardeux pour lui que pour le duc de Chartres l'emploi d'une même supercherie patriotique. Il ne savait à qui s'adresser. Mais il était bien résolu, quoi qu'il advînt, à ne pas sortir de France ; il voulait jalousement souffrir avec elle, tant qu'elle souffrirait ; il s'était dit qu'il s'efforcerait de la servir tant qu'on ne le chasserait pas ; et pour trouver l'heure, le lieu, le moyen espérés de son dévouement, il commença une vie errante, où plus d'une fois il eut ces aventures périlleuses de son aïeul Henri IV, dans les courses où le Béarnais sauvait ses jours ou gagnait sa couronne. A coup sûr, le prince de Joinville, parcourant à pied toute cette région où l'ennemi se montrait déjà, de Vernon aux environs de Chartres ; le prince de Joinville, cherchant des armes et des compagnons, manquant de nourriture et s'exténuant de fatigue, contraint souvent de se cacher, dénué de tout secours et privé de toutes relations, mal accueilli, découragé, dut souvent songer avec douleur que ce même pays où il menait cette existence vagabonde, son père y avait été roi, lui prince, et prince populaire !

Dans cette odyssée, le prince de Joinville avait un but toujours présent à ses yeux : c'était Paris. Il voulait y pénétrer, sûr de trouver, en se perdant dans l'immense population de Paris, une place de soldat où il resterait ignoré. C'était à Paris, pensait-il, qu'aurait lieu la plus longue et la dernière résistance ; c'est là que la patrie ferait son dernier effort pour l'honneur et le salut : il serait utile et glorieux de s'associer aux gens de cœur que Paris, sans doute, armait résolûment pour sa défense. A ce moment, il était encore possible, dans l'opinion du prince, d'arriver jusqu'à la place en se glissant à travers l'armée assiégeante. Il s'était procuré des papiers, ceux d'un pauvre diable. Il avait acheté aussi à des revendeurs de Rouen les hardes d'un paysan ; il était vêtu d'une blouse et s'en allait d'un air pacifique le long des chemins, portant d'une main son petit bagage noué dans un mouchoir à carreaux, et, de l'autre, tenant un grand parapluie rouge. Sous ce déguisement, le prince se disait jardinier de Brie-Comte-Robert. Sur la route de Rouen aux Andelys, il avait rencontré une famille de charpentiers de Pontoise, des gens effrayés qui s'étaient enfuis précipitamment devant l'invasion, mais que de nouveaux avis avaient rassurés, paraît-il : on leur avait dit que les Prussiens n'étaient pas « méchants » ; et, sur la foi de ce douteux propos, ils regagnaient le logis. Le prince se mêla à cette troupe timide d'émigrés ; et, tout en causant, tout en portant les enfants ou les paquets, il obtint leur confiance : grâce à sa complaisance et aussi à l'autorité de ses bons conseils, il était devenu comme un ami nécessaire ; et ce fut lui qu'on chargea, aux Andelys, de louer une charrette pour les transporter tous et lui quatorzième à la Roche-Guyon.

Ce jour-là, il y avait grand émoi aux Andelys. On y attendait les Prussiens d'heure en heure. Le maire, croyant toute résistance inutile, faisait désarmer la garde nationale. Les habitants étaient rassemblés sur la place, au moment où le prince de Joinville et sa bande y arrivèrent. Le prétendu jardinier de Brie-Comte-Robert, malgré toute la rusticité qu'il affectait et malgré son cortége des bonnes gens de Pontoise, parut suspect aux bourgeois effarés des Andelys. Un agent de police vint l'inviter à exhiber ses papiers ; et le voilà forcé d'écrire de mémoire, sur la table d'un cabaret où il avait dû entrer, non-seulement ses noms, prénoms, âge et lieu de naissance, mais les noms, prénoms, âges et lieux de naissance de ses père et mère. Heureusement, le prince avait soigneusement appris par cœur toutes les indications inscrites sur ses papiers : il satisfit à toutes les questions et put continuer son chemin. Mais, au-delà des Andelys, on pouvait rencontrer à chaque pas des patrouilles prussiennes ; et, par prudence, il lui fallut se résoudre à enterrer une carte qui lui servait de guide. Toutefois la charrette arriva sans encombre à la Roche-Guyon. La terreur de l'ennemi régnait là comme dans toute la contrée : les voyageurs n'y purent, à aucun prix, trouver une voiture.

Le prince de Joinville se sépara de ses compagnons de route à la Roche-Guyon. Alors, au risque plusieurs fois couru de sa vie, il traversa les lignes de l'armée prussienne, et vint épier une heure propice et chercher un passage favorable, pour franchir les avant-postes allemands proches de Paris. Il était sur le point d'en tenter la chance, quand une réflexion, qui lui vint de sa situation politique, fit hésiter son cœur et arrêta sa résolution : « Si je réussis, se dit-il, à pénétrer dans Paris et si on m'y reconnaît, on ne manquera pas d'assurer que les Prussiens m'ont prêté leur assistance. Si, au contraire, les Prussiens m'arrêtent, ils me garderont à Versailles ; et placé parmi eux, j'aurai là, aux yeux de la France, l'attitude d'un homme qui pactise avec les ennemis de sa patrie : on me soupçonnera de je ne sais quelle trahison. Non, je ne puis pas ainsi risquer mon honneur. » Ce raisonnement était juste. Le prince de Joinville cessa donc ses courses autour de Paris ; et de Meulan, où il se reposa quelque temps, il se dirigea vers Évreux ; puis, passant par Nonancourt, il se rendit à Dreux où, d'après les nouvelles qu'il recueillait, on se préparait à un combat.

Le prince n'arriva pas à temps pour prendre part à ce combat : il n'en aperçut que les affreuses marques dans les ruines de Chérisy, qui brûlait encore (11 octobre). Il entra à Dreux dans l'obscurité de la nuit, l'âme remplie des plus grandes pensées de deuil. La destinée le ramenait aux lieux où reposent sous leurs tombeaux quelques-uns des membres bien-aimés de sa famille ; et il ne les revoyait que par suite de ces calamités de l'invasion, où son exil disparaissait ! En passant devant cette chapelle où depuis presque un quart de siècle il n'avait plus le droit de venir prier ou pleurer, le prince envoya de son cœur aux restes des siens l'hommage de sa tristesse et de sa piété, épouvanté de penser que le lendemain peut-être l'ennemi mettrait le pied sur ces tombes, l'esprit emporté dans ces lointains souvenirs de sa vie, accablé de mélancolie en face de ces ombres si chères qu'il retrouvait dans des circonstances funèbres pour sa patrie. Et qu'eût-il pensé encore, au milieu de ces regrets douloureux, s'il eût pu prévoir que tout à l'heure il manquerait mourir, inconnu et misérable, de la mort infamante de l'espion, à deux pas de ces mêmes tombes où dorment le duc d'Orléans et la princesse Marie ? C'est le sort, qu'en effet, il faillit bientôt avoir. Après avoir vainement cherché un meilleur abri, il avait fini par trouver, pour s'y étendre, une mauvaise paillasse dans le grenier d'un cabaret ; et avant de se coucher, il avait donné à l'hôtesse un permis de chasse, en guise de passe-port. A minuit, un bruit extraordinaire le réveille tout à coup. Des mobiles en armes se précipitent sur le prince, à la lueur d'une chandelle. On s'empare brusquement de lui : parmi les cris qu'ils poussent, il entend le mot d'espion ; on le menace de le fusiller ; on veut le conduire immédiatement à l'Hôtel-de-Ville. Le prince proteste d'abord. — « Ah ! vous croyez être en France ! lui dit agréablement le chef des mobiles ; eh bien, vous êtes en Turquie... » — Le prince comprit qu'il était un homme perdu, s'il résistait. Il se montre donc empressé à obéir. « Je suis prêt à vous suivre, dit-il. Vous n'aurez pas besoin de violence pour m'y contraindre. Mais pensez-vous qu'à une pareille heure, on reçoive volontiers à l'Hôtel-de-Ville un prisonnier dont on peut tout aussi bien faire l'interrogatoire demain matin ? Gardez-moi ici et à vue. Je ne puis m'évader. Vous me mènerez à l'Hôtel-de-Ville dès le point du jour. Au moins vous aurez passé la nuit tranquillement. » Cette proposition parut raisonnable. On l'accepta. Et le prince put librement, dans ce grenier devenu son cachot, songer aux moyens de se tirer d'un tel péril.

Aux premiers rayons de lumière, les mobiles l'entourent. Dans le tumulte, le prince apprend qu'ils sont du Calvados, et presque tous de Bayeux. Ce renseignement, c'est pour lui la voie du salut. Il s'écrie qu'il connaît leur pays, et à son tour, rapidement et habilement, il les accable de questions. Comment va la famille d'Houdetot ? la fabrique de porcelaine prospère-t-elle ? la fameuse tapisserie de la Conquête d'Angleterre se conserve-t-elle bien ? Le prince déploie avec ostentation toutes les connaissances qu'il a de leur histoire locale. On l'écoute ; on devient moins brutal pour l'espion ; on se familiarise. Et quand il voit l'effet moral qu'opère en eux cette érudition, le prince change de ton ; il demande à leur chef d'une voix forte et brève un entretien particulier. Il tire alors un papier de sa poche. C'était une lettre de M. Estancelin, qui portait cet en-tête : *Commandant général des gardes nationales de la Seine-Inférieure, du Calvados et de la Manche.* D'un air mystérieux, il montre ces mots au chef du peloton et lui fait lire quelques lignes. Puis il dit : « Vous comprenez maintenant pourquoi j'étais si calme. Chargé d'une mission secrète du gouvernement, je ne produis ce papier qu'en cas de nécessité et sous les yeux des officiers seulement. Je ne puis rester plus longtemps ici. Ordonnez à vos hommes de se retirer. » Le chef salue militairement un si important personnage. « Laissez passer ! » crie-t-il aux mobiles stupéfaits ; et le prince se hâte gravement de disparaître. Mais peu confiant en sa ruse et craignant qu'on ne courût bientôt à sa recherche, il voulut sans tarder se ménager un asile. Il le trouva dans la tour de l'évêché, près de la chapelle funéraire de sa famille : il y fut caché et nourri par un vieux serviteur et sa femme qui en avaient la garde et qui l'avaient reconnu avec attendrissement, dès qu'il avait paru devant eux.

Tant que les Prussiens furent dans le pays, le prince demeura à Dreux : il voulait, si l'ennemi tentait l'attaque de cette petite ville et qu'on osât résister, prendre lui-même sa place au danger ; et, dans cette intention, il s'était procuré, par les soins de son vieux serviteur, un fusil et une vareuse de garde national. Mais les Prussiens se retirèrent : pour se venger des pertes qu'ils avaient faites à Chérisy et autour de Dreux, ils couvrirent toute la campagne d'incendies, en s'en allant ; ils laissaient à la fois derrière eux la terreur et la rage. Le prince de Joinville quitta Dreux en ce moment et recommença sa vie errante. On lui avait dit que les troupes françaises qui défendaient cette région étaient commandées par le général Fiéreck, un ancien aide de camp du duc de Montpensier. Il eut la pensée de lui offrir ses services. Malheureusement, mille difficultés se dressèrent devant lui : il lui fut impossible de rejoindre et d'aborder le général. Il était fort incertain de ses pas ; tout renseignement utile lui manquait ; il allait au hasard, s'informant comme il pouvait des chances de résistance qu'il y avait ici ou là dans la contrée. Le bruit courut tout à coup que les Prussiens marchaient sur Amiens. Il y vint. Mais les Prussiens n'attaquèrent pas Amiens à cette époque : la lutte se borna au combat de Formerie, combat où le 3e hussards et une compagnie d'infanterie eurent sous le feu la plus belle contenance. Le prince apprit à Amiens la désastreuse capitulation de Metz. Dans le désir de s'éclairer sur cet événement et de donner librement à sa famille des nouvelles de lui, il passa la frontière, dont il était si près : il vint à Bruxelles voir le général Changarnier, qui lui raconta le tragique événement de Metz dans ses détails les plus exacts, ainsi que les négociations qui l'avaient précédé et suivi. C'est à Bruxelles que le prince de Joinville connut la victoire de Coulmiers. Cette heureuse nouvelle le transporta de joie. Aussitôt il résolut de se rendre à Orléans pour demander au général d'Aurelle de l'accueillir en secret parmi ses troupes. Il arriva dans cette ville, le 20 novembre. Il était plein d'espoir ; il comptait cette fois réussir dans sa demande. Ce drapeau de la France, qu'il avait fait fièrement flotter au mât de son vaisseau dans quatre combats, que lui importait de le suivre en inconnu et sous un nom d'étranger, si du moins d'Aurelle lui permettait de le suivre ! Et ce vieux soldat, hier victorieux, sorti lui-même de la retraite, pourrait-il le lui refuser ?

III.

Le 21 novembre, comme l'évêque d'Orléans déjeûnait dans sa petite campagne de la Chapelle-Saint-Mesmin, le colonel Lutteroth demanda à le voir. « Voilà, dit un des vicaires généraux en l'apercevant, voilà le grand monsieur d'hier : c'est lui, monseigneur, qui s'est présenté comme l'ami de M. Trognon. » Sur ces mots, l'évêque se leva et entra dans le salon où l'étranger l'attendait. Celui-ci s'avança lentement et silencieusement, regardant avec toute son âme dans les yeux ; on eût dit qu'il voulait que son regard fût sa seule parole. L'évêque d'Orléans, devant cette attitude, soupçonna tout de suite qu'il retrouvait un ancien ami jaloux d'être deviné par un affectueux effort de mémoire : il le considéra avec attention. « Me reconnaissez-vous ? » dit le prince. Le voile du passé tomba tout à coup devant l'évêque : « Comment ! c'est vous, monseigneur ? s'écria-t-il avec une sorte de stupéfaction heureuse, en lui prenant la main. C'est vous ! » Il y avait quarante et un ans qu'il ne l'avait vu ; c'était depuis le jour où l'abbé Dupanloup faisait faire au prince de Joinville sa première communion. Il le reconnaissait à ses beaux et grands yeux ; car souvent, dans la jeunesse du prince, il en avait remarqué la vive et la puissante expression.

— Comment se peut-il que je vous voie à Orléans dans les circonstances où nous sommes ?

— Je viens, répondit le prince, vous demander une grâce : aidez-moi à obtenir le droit de me battre pour mon pays... Je ne puis être le seul Français qui ne le défende pas... Vous connaissez le général d'Aurelle : priez-le de me recevoir parmi ses soldats ; qu'il me donne une place dans l'armée de la Loire : quelque humble qu'elle soit, j'en serai fier et heureux.

Il fallut quelques instants pour que l'évêque d'Orléans pût comprimer tous les mouvements de son cœur, traversé soudain par tant de souvenirs et touché par cette détresse patriotique du prince. Enfin, maîtrisant son émotion, il invita le prince de Joinville à venir s'asseoir à sa table : il était bon de n'étonner personne dans la maison par une interruption plus longue du déjeuner commencé.

« Je m'appelle M. Lutteroth [1], dit le prince en le suivant ; je suis colonel américain. »

Plus tard, Mgr Dupanloup put continuer librement l'entretien.

— Vous vous ferez tuer, lui dit-il.

— Qu'importe !... Je ne veux pas laisser la France se battre sans moi.

L'évêque d'Orléans avait trop dans son âme le sentiment de cet héroïsme et ce grand amour de la France pour ne pas comprendre cette résolution : il ne répondit pas.

— Il faut que j'arrive jusqu'au général d'Aurelle sans être arrêté, reprit le prince.

— Eh bien, revenez demain, nous essaierons.

Le lendemain, guidé par le curé d'Ingré, le prince de Joinville arrivait à Saint-Jean-de-la-Ruelle et entrait au Cèdre [2], où, depuis le matin,

---

[1] Le prince de Joinville avait emprunté ce nom au souvenir d'un des amis de sa famille, M. Lutteroth ; cependant M. Lutteroth n'a jamais été militaire.

[2] Le Cèdre est une maison de campagne dont le propriétaire, M. Greffier, conseiller à la Cour de Cassation, se trouvait alors à Paris.

d'Aurelle s'était établi. Pour ne pas surprendre la liberté du général, le prince avait décidé de s'adresser d'abord à son aide de camp, le capitaine d'état-major Gaston de Langalerie. Celui-ci l'annoncerait et l'introduirait. M. de Langalerie le reçut dans la salle à manger de la maison, sans savoir à quel visiteur il avait affaire, et ce fut avec un grand étonnement que, sur la carte que l'étranger lui présenta, il lut ces mots : *le prince de Joinville*. Le capitaine crut d'abord qu'il avait devant lui, sinon un imposteur, du moins un envoyé du prince. Et comme si le prince eût remarqué en lui ce soupçon :

— Vous ne connaissez peut-être pas ce nom, s'empressa-t-il de dire, mais vous devez connaître celui du duc d'Aumale, frère du prince ?

— Je connais les deux noms, répondit M. de Langalerie de son ton de voix ordinaire. Dites-moi, s'il vous plaît, ce que le prince pourrait désirer de moi.

M. de Langalerie s'aperçut alors que son visiteur tendait l'oreille en se penchant, comme s'il avait peine à bien entendre. Attentif à ce mouvement, il se souvint tout à coup que le prince de

Joinville était sourd, et comprit que ce personnage inconnu, c'était le prince lui-même. Que venait-il donc faire au quartier général de l'armée de la Loire? Tandis que cette pensée rapide passait dans son esprit, M. de Langalerie, parlant plus haut cette fois, le pria respectueusement de lui indiquer l'objet de sa visite.

— Je m'adresse à vous, dit le prince, sous les auspices de Mgr Dupanloup [1]. Le général d'Aurelle peut me permettre de servir dans son armée, sans grade et sous un nom supposé. Mais, avant de l'aborder, je voudrais savoir de vous, monsieur, s'il m'accordera volontiers cette permission. Aucune ambition politique ne m'amène ici, je vous l'affirme. Je n'ai d'autre désir que de faire ce que tous les Français font aujourd'hui : offrir ma vie pour la France. Moi aussi, j'ai le droit de me dévouer à elle dans son malheur... Au cas où il vous semblerait que le général d'Aurelle pût agréer ma demande, je voudrais le voir quelques

[1] La famille de M. G. de Langalerie habitait Orléans depuis vingt années ; elle était honorablement et amicalement connue de Mgr Dupanloup.

instants et je vous serais reconnaissant de m'en assurer le moyen.

C'était un mélancolique et grand spectacle que celui de ce prince, jadis amiral, jadis libre d'affronter l'ennemi pour l'honneur de sa race et de sa nation, jadis livrant sous le pavillon de la France des assauts héroïques et victorieux ; et aujourd'hui contraint d'implorer la faveur de se battre dans son pays envahi et dévasté, aujourd'hui sujet aux refus d'un démagogue, sur cette terre que ses aïeux avaient agrandie à l'envi durant deux siècles, et, par un caprice du sort, sollicitant ce simple droit d'être soldat devant cette même ville d'Orléans dont sa famille porte le nom glorieux ! Le capitaine de Langalerie pouvait reconnaître, dans cette noble humiliation, non-seulement la changeante destinée des choses humaines et des choses royales, mais encore la malheureuse fortune de la France ; car, dans ce prince réduit à de telles prières, et qu'on exilait maintenant, par une sorte de bannissement nouveau, jusque des champs de bataille de sa patrie vaincue, il y avait hélas ! le descendant et comme l'image de ceux qui avaient donné à la France l'Alsace et la Lorraine !

Le jeune capitaine qui recevait cette belle et modeste supplication resta silencieux un moment, le cœur en proie à la stupeur et à la tristesse. Que pouvait-il et devait-il répondre ? La France, il le savait, n'avait plus de gouvernement que pour sa défense nationale : proscrits ou citoyens, princes ou laboureurs, elle ne voulait que des soldats ; devant les Prussiens victorieux, il n'y avait d'autre raison d'État praticable et honnête que de réunir et de mener tous les gens de cœur à leur rencontre. Mais M. de Langalerie ne l'ignorait pas non plus : certains individus s'étaient emparés du pouvoir, ils s'étaient faits les dictateurs de la France, et ils s'attribuaient le droit de la sauver au profit de leur politique, au lieu de la sauver pour elle-même. Ils avaient élevé leurs opinions bien au-dessus de la patrie, bien au-dessus de ses désastres ! Et pourtant, pensait-il, le devoir commandait de leur obéir ; toute discorde était folle et criminelle dans un tel péril ; moins que personne, le vainqueur de Coulmiers pouvait risquer son autorité et perdre son temps dans la dispute ou la révolte. Sans doute, les sentiments du prince de Joinville étaient sincères ; mais M. Gambetta saurait-il y croire généreusement ? En tout cas, admettre le prince de Joinville dans l'armée, à l'insu de la Délégation de Tours, c'était s'exposer soi-même à devenir suspect. Or, le général d'Aurelle, pour continuer efficacement son œuvre, avait besoin de garder intacte et sûre la force de son commandement : la confiance qu'on avait en lui était déjà si douteuse !

Le capitaine de Langalerie ayant, par ces graves réflexions, fait un prompt et violent effort sur son cœur, répondit ainsi au prince de Joinville :

« Pardonnez-moi à l'avance, monseigneur, la dureté de mes paroles... Je ne pense pas que le général d'Aurelle accepte vos services dans ces conditions. Il ne fera rien, je le crois, sans une autorisation du gouvernement. Je ne doute pas que tôt ou tard on ne vous découvrît parmi nous ; or, quelque nobles que soient vos intentions, bien des gens en douteront, ceux-là surtout dont nous subissons le régime aujourd'hui. Vous auriez donc, malgré vous, mis le général d'Aurelle dans tous les embarras de la suspicion ; et qui sait ? peut-être le forcerait-on alors de quitter son armée, au grand détriment du pays..... Lui-même, je le prévois, vous tiendrait ce langage. Aussi, monseigneur, si vous êtes convaincu que le ministre doit vous refuser son consentement, n'insistez pas pour voir le général ; cette visite lui serait pénible et ne vous servirait de rien. Quant à moi, je lui transmettrai fidèlement votre demande, et je vous enverrai sa réponse par l'entremise de Mgr Dupanloup. »

Le prince de Joinville écoutait avec une inquiète attention. A mesure que les paroles de M. de Langalerie pénétraient dans son cœur, la douleur se marquait sur son visage ; bientôt ses yeux se remplirent de larmes, et avec l'accent d'un regret déchirant : « Je ne puis songer, dit-il, à obtenir l'autorisation de M. Gambetta ; je n'ai donc plus d'espoir... J'ai porté ma demande au général Trochu, puis à l'amiral Fourichon : tous deux m'ont répondu que l'état présent de la France les obligeait à refuser mes services. Ainsi, personne n'aura voulu de moi dans l'armée française !... Pourtant, j'étais bien jaloux d'avoir ma part, avec tout le monde, dans la défense de notre pauvre pays, le mien comme celui de vos soldats. A Dreux, je pensais pouvoir me mêler aux troupes ; on m'a pris pour un espion prussien, et j'ai dû m'échapper à la hâte. Pouvais-je dire que j'étais le prince de Joinville ? Un moment j'ai eu l'idée d'aller trouver Martin des Pallières : il m'eût fait, lui, l'accueil que je désire ; car, dans sa jeunesse, je lui ai accordé ce qu'aujourd'hui j'aurais à lui demander : je l'ai laissé assister à un combat où son bataillon n'était pas appelé ; et le soir, Martin des Pallières, blessé, vint me dire, en me montrant son bras ensanglanté : « Vous voyez, monseigneur, que vous avez bien fait ! » Mais j'ai cru qu'agir à la dérobée, sans avoir d'abord consulté le général d'Aurelle, c'eût été mal agir. Et voilà pourquoi je suis ici. »

Le prince de Joinville parlait, les joues baignées de pleurs. Il s'arrêta ; puis, poussant un soupir, il reprit :

« Ah ! je suis navré ! l'armée de la Loire est la dernière armée de la France ; elle est la victoire ou la défaite, sans recours possible, et je n'aurai pas été dans ses rangs ! Si vous saviez, monsieur, comme il est cruel pour moi d'être seul, parmi les gens de cœur, à ne rien faire pour ma patrie ! Je l'aimais bien, à cette heureuse époque de ma vie où je pouvais librement me battre sous son drapeau ; mais l'exil m'a encore appris à l'aimer davantage. Eh bien, songez à mon malheur : je la retrouve vaincue, blessée affreusement, presque abandonnée ; je veux la secourir avec vous, avec tous ses défenseurs, et on me l'interdit ! On ne comprend pas que je ne suis plus un prince, mais simplement un homme, un homme avide de se donner tout entier à son pays ! »

Ces paroles, ces larmes, cette attitude du prince de Joinville, tout émouvait vivement le capitaine de Langalerie ; son cœur de Français et de soldat souffrait. Mais la force des choses lui semblait inexorable. Sûr que le général d'Aurelle l'en approuverait, il ne put que répéter ce qu'il avait dit tout à l'heure.

Le prince de Joinville était accablé de douleur ; mais sa loyauté avait à respecter le devoir du jeune officier. Il n'insista pas. Il le pria seulement d'être auprès du général d'Aurelle le messager

de sa demande et de ses vœux. « Vous lui trans-
mettrez aussi, lui dit-il, les compliments du
général Changarnier, que j'ai vu dernièrement
en Belgique. Changarnier a foi en d'Aurelle, il
ne lui fait qu'une recommandation, c'est d'avoir
confiance en lui-même. »

A ce moment, les généraux d'Aurelle et Martin
des Pallières, qui se promenaient dans le jardin,
passèrent devant la fenêtre. Le prince distingua
aisément d'Aurelle à sa plaque de grand-croix, à
sa moustache grise, à sa taille élevée. Martin des
Pallières était revêtu d'une peau de bique ;
néanmoins il le reconnut à l'instant. Quelques
minutes après, le général d'Aurelle ouvrit la
porte de la salle à manger ; mais, apercevant son
aide de camp avec un étranger, il se retira aussitôt. Alors le prince de Joinville, après avoir
exprimé le désir que le secret de cette visite fût
sévèrement gardé, tendit la main au capitaine
et s'en alla.

Le lendemain, M. Gaston de Langalerie [1]

---

[1] Pendant le mois de mars 1871, M. de Langalerie lut,
à Saumur, dans un journal français, une lettre, publiée

écrivait à l'évêque d'Orléans que le commandant en chef confirmait la réponse de la veille. Le général alléguait, pour motiver son refus, « la nécessité de la situation présente » et « les intérêts généraux du pays. »

Le prince de Joinville était revenu du quartier général triste et comme désespéré. L'évêque d'Orléans, malgré toute son affection et son éloquence, ne réussit pas à le consoler.

Le prince demeurait dans une petite rue écartée, celle des Gobelets : il y a là une maison où on loue des appartements garnis. Il y habitait peu : le jour, il visitait les lieux où campait l'armée, ou bien il allait voir les travaux qu'on

par le *Times*, où le prince de Joinville divulguait lui-même le secret de sa visite au quartier général d'Aurelle. On en parla à la table des officiers qui composaient l'état-major du 19ᵉ corps dont M. de Langalerie faisait alors partie. Il attesta cette démarche du prince, mais il s'abstint d'aucun détail.

Or, à cette table se trouvait le chef d'escadron d'état-major auxiliaire, Robert le Fort, qu'on ne connaissait au 19ᵉ corps que pour sa chevaleresque bravoure, et qui, comme on le sait maintenant, n'était autre que le duc de Chartres, neveu et gendre du prince de Joinville, exécutait autour d'Orléans ; le soir, il venait dîner à l'évêché. Là, pas plus que dans la ville, personne, hormis l'évêque, ne le connaissait. Pourtant les vicaires généraux qui s'asseyaient à la même table soupçonnaient dans le colonel Lutteroth un homme plus qu'ordinaire : les hauts jugements qu'il portait sur les hommes illustres et sur les événements fameux de l'époque, la noblesse de toutes ses manières et jusqu'au respect involontaire de l'évêque d'Orléans les avertissaient qu'un grand personnage se dérobait sous ces apparences. Ils se demandaient entre eux qui pouvait être cet Américain qui leur paraissait si Français et qui se montrait si instruit de notre histoire contemporaine. Ils avaient remarqué que, lorsqu'un visiteur de quelque distinction entrait dans le grand salon où l'on se promenait le soir, le colonel Lutteroth cherchait avec soin à se dissimuler. De plus, M. l'abbé Lagrange avait un jour entendu l'évêque d'Orléans dire à cet étranger : « Monseigneur... » Pour sa part, M. l'abbé Bougaud croyait deviner en lui le prince de Joinville. Il voulut s'en assurer. Un jour, après le dîner, comme le colonel Lutteroth, depuis un moment, se trouvait seul près de la cheminée, M. l'abbé Bougaud courut à lui : « Colonel, lui dit-il, vous nous parliez tout à l'heure de cette épouvantable horreur des batailles ; mais vous ne faisiez allusion qu'aux combats de terre : en avez-vous vu sur mer ? » L'œil du colonel Lutteroth s'éclaira ; et sa figure s'illuminant de ses souvenirs : « Oh ! oui, j'en ai vu, s'écria-t-il avec admiration, rien de plus terrible et de plus beau... » — A ces mots, son interlocuteur sentit disparaître son dernier doute. « C'est le prince de Joinville, » dit-il à ses amis en les rejoignant. Le secret était surpris ; mais il fut bien gardé, aucun d'eux ne le trahit.

Dès que le prince de Joinville sortait d'Orléans, il se heurtait à mille difficultés. Près des batteries, les marins avec lesquels il causait dans une familiarité douce à son cœur, déshabitué de ce commerce avec les gens de son métier, ne lui témoignaient aucune méfiance : sa taille élevée attirait seulement l'attention de ces hommes peu soupçonneux ; ils le prenaient pour un ancien officier de marine en retraite ; ils l'appelaient

« l'homme au grand chapeau. » Mais voulait-il pénétrer dans les campements des troupes, à chaque pas c'était un obstacle. L'armée couvrait une immense étendue de terrain. On n'en connaissait pas les mouvements. Où étaient les quartiers-généraux ? où les corps d'armée allaient-ils ? où étaient-ils fixés ? Personne n'en pouvait informer le prince de Joinville. Obligé de se cacher et de taire son nom, il lui était impossible d'invoquer aucune recommandation. Sa surdité l'empêchait aussi de saisir au passage, dans les groupes de soldats ou parmi les habitants, bien des ouï-dire dont la foule rassasiait sa curiosité. Aussi ne pouvait-il s'aventurer parmi les troupes qu'avec la plus soigneuse prudence.

Le prince de Joinville explora, pendant plusieurs jours, les environs d'Orléans. Mais, en temps de guerre et devant l'ennemi, un bourgeois qui rôde près des campements, qui s'égare dans les bivouacs et qui questionne, on le suspecte ; c'est un espion, il est bientôt saisi. Aussi le prince de Joinville vit-il plus d'une fois, quand il s'aventurait aux alentours de l'armée, des yeux défiants le suivre, l'attendre ou le mettre

en fuite. Le 24 novembre, le prince de Joinville
s'en était allé visiter les localités où l'armée avait
établi ses avant-postes. Il avait dépassé Chevilly
et se trouvait sur la route d'Artenay. Or, à ce
moment même, les troupes de la division Martineau-Deschenets (15e corps) avaient un engagement avec les Prussiens, dont les reconnais-
sances devenaient sur ce point de plus en plus
fréquentes et hardies. Le prince avait suivi le
combat du plus près qu'il avait pu. En revenant,
il s'arrêta devant la batterie de position qu'on
avait élevée à Chevilly. Elle était servie par des
marins : il ne put résister au désir de les voir et
de les aborder. Il s'était donc rapproché des
pièces et les examinait en connaisseur, quand
le lieutenant de vaisseau Gambar, que cette
curiosité étonnait, vint l'arrêter comme espion.
Malgré les explications du prince, il lui fallut se
rendre, pour y être interrogé, à la maison qu'habitait le général Martineau-Deschenets et son état-
major. « Braves gens ! se disait le prisonnier au
milieu de l'escorte de matelots qui l'emmenaient,
si vous saviez que je suis un loup de mer comme
vous, un amiral même, votre ancien prince de

Joinville, vous auriez bien envie de me relâcher, j'en suis sûr ! » Les occupations dont l'état-major était accablé, la bonne mine toute française du prince, son air loyal, la persuasive sincérité de ses paroles, et, de plus, quelques incidents qui vinrent puissamment distraire l'attention de ceux qui l'interrogeaient, le sauvèrent de ce mauvais pas : on lui rendit sa liberté.

Cependant, l'obscurité tombait : les troupes rentraient dans leurs quartiers. Le prince ne pouvait rester au milieu d'elles sans s'exposer à une nouvelle aventure, et il ne pouvait pas non plus se procurer un abri dans le village : toutes les portes étaient bien closes et ne s'ouvraient plus. Par bonheur, un habitant qu'il rencontra lui apprit qu'un train militaire allait partir pour Orléans ; seulement, pour y trouver place il fallait un laisser-passer du général. Comment le demander et l'obtenir ? On lui dit que le maire de Chevilly, M. Darblay, avait le pouvoir exceptionnel de délivrer des permis. Le prince y court et tombe au milieu d'une scène tumultueuse où voici qu'il gagne fort méritoirement la permission qu'il souhaitait. La maison était alors comme assiégée par une bande de zouaves de marche, dont le bataillon bivouaquait à côté, dans un champ : ils étaient venus audacieusement se pourvoir chez M. Darblay de litière et de bois, et ils le traitaient en ennemi. C'était une dévastation que, malgré son énergie, l'honorable maire de Chevilly était impuissant à réprimer. Les zouaves emportaient tout : ici, on coupait les arbres du jardin ; là, les bottes de foin et de paille volaient par les fenêtres de la grange. Rien ne fût resté. Le prince de Joinville trouva cette maraude plus que licencieuse, et, prenant sa vieille voix de commandement, avec quelques-unes des formules sacramentelles qui conviennent en ces occasions, il se mit à les chasser au plus vite du logis, de la cour et du jardin. Il leur parut sans doute avoir les six pieds qu'il a l'air d'avoir. Comme il les poussait devant lui en homme qui n'a pas peur et dont le bras est vigoureux, et comme la rosette de sa boutonnière semblait annoncer un officier général, les zouaves déguerpirent, et plusieurs même, avec une politesse comique, avec une componction risible, le bonnet à la main. Pour un homme qui venait demander un service, c'était une heureuse entrée. M. Darblay reconnaissant ne fut pas tenté de prendre le colonel Lutteroth pour un espion prussien : il lui accorda facilement le passe-port requis pour monter dans le train. Cette autorisation était écrite sur une demi-feuille de papier au verso de laquelle on lisait ces mots : « Je vous recommande de ne pas oublier les pigeons (Pereira) [1]. » C'était la première pièce émanée d'une autorité française dont le prince se trouvât muni depuis son exil et dont il pût se servir ostensiblement. Il avait une sorte de joie naïve à la posséder [2]. Elle lui fut fort utile ce jour-là et plusieurs autres de suite : grâce à elle, il put, sans trop de difficultés, circuler à travers les campements de l'armée. Le soir il racontait cette histoire à l'évêque d'Orléans avec un véritable plaisir : « Décidément, lui disait-il d'un ton enjoué, je suis encore bon à quelque chose.

---

[1] M. Pereira, préfet du Loiret à cette époque.

[2] Cette pièce avait pour le prince le prix d'un souvenir intéressant ; il la brûla, ainsi que tous les papiers qu'il portait sur lui, le jour où M. Ranc le fit arrêter au Mans.

Je sais encore commander malgré la rouille du temps et l'inactivité. Penser que j'ai mis en déroute ces petits zouaves, presque d'un seul mot et d'un regard ! » Il y avait, ajoutons-le, quelque chose de non moins original dans cet incident : c'était le prince de Joinville pacifiant la maison d'un maire !

« Il ne me reste qu'une ressource, celle d'intercéder près de Martin des Pallières, » dit-il ce soir-là à l'évêque d'Orléans ; et, le lendemain, le colonel Lutteroth gagnait Loury, où le commandant du 15ᵉ corps avait son quartier général. Le 26, il entrait au petit rendez-vous de chasse, où Martin des Pallières résidait, et où, en ce moment même, il dictait des ordres à l'un de ses aides de camp. Le prince de Joinville demanda le général avec insistance. Averti qu'un personnage inconnu, de haute stature, et portant à sa boutonnière une rosette de la Légion d'Honneur, sollicitait obstinément la permission de lui parler, Martin des Pallières parut enfin.

« Je suis le colonel Lutteroth, lui dit le prince ; puis-je vous entretenir quelques minutes en particulier ? »

Le général regarda fixement cet étranger, et ne le reconnut pas ; puis, avec impatience et curiosité à la fois, il l'emmena sur le palier de l'escalier, et là, au bruit d'une assez forte canonnade qui grondait au loin, ils eurent la conversation suivante :

— Me reconnaissez-vous ? dit le prince de Joinville, moins craintif que confiant en venant adresser au cœur de son dernier ami, de son ancien lieutenant, la prière qu'il avait vainement portée de Napoléon III à Trochu, à Fourichon et à d'Aurelle.

— Non répondit Martin des Pallières.

— Voyons, rassemblez vos souvenirs. Vous ne m'avez pas rencontré depuis vingt-six ans. C'était au Maroc, le jour de la prise de Mogador. Votre compagnie ne devait pas aller au feu. Vous êtes venu demander à votre amiral de vous recevoir comme volontaire parmi les combattants ; il l'a bien voulu. Vous avez été blessé près de lui, et lui montrant votre bras ensanglanté, vous m'avez dit.... Me reconnaissez-vous, maintenant ?... Je suis le prince de Joinville...

— Oh ! parfaitement, monseigneur, répondit Martin des Pallières.

Et, avant que le général pût ajouter un mot, le prince lui dit d'une voix émue :

— Écoutez. Je vous ai aidé à faire comme volontaire le premier pas dans votre carrière. Eh bien, rendez-moi le même service : aidez-moi à faire, comme volontaire aussi, le dernier pas dans la mienne...

Martin des Pallières tressaillit. Tout à coup un rayon de sa jeunesse avait étincelé dans son âme, relui devant ses yeux : à travers cette vive et charmante lumière, il revoyait le rivage de Mogador, la ville africaine sous son ciel de feu et dans la fumée de la bataille, la frégate *le Suffren*, son vaillant amiral, l'îlot où ils allaient combattre... Et ici, au milieu de cette forêt que l'armée prussienne commençait à entourer, dans la misère sinistre de l'invasion, ce même prince qui lui avait permis de verser son premier sang pour la France venait, à son tour, le prier de lui laisser libre l'accès du combat et de la mort ! Quelle étrange et douloureuse circonstance ! La vie, l'âge et le noble cœur du pauvre prince de

Joinville, tout attestait que l'amour du pays l'inspirait seul dans cette demande ; Martin des Pallières le comprenait, et lui pourtant, qui lui devait les prémices de son honneur, il ne pouvait que résister à cette patriotique prière !

Il écoutait sans oser répondre, tandis que le prince de Joinville lui racontait qu'à Paris, à Tours, et à Saint-Jean-de-la-Ruelle, on l'avait repoussé.

— Je n'ai que vous, disait le prince, je n'ai que vous pour prendre pitié de ma situation. Laissez-moi seulement me perdre parmi les volontaires de votre armée, à vos avant-postes. Vous n'entendrez jamais parler de moi.

— C'est impossible ! murmura Martin des Pallières, et saisissant les mains du prince, il les pressa sur sa poitrine avec une affectueuse tristesse, en l'adjurant de ne pas lui demander ce que le gouvernement de Tours ne concèderait jamais, ce que d'Aurelle avait été forcé de refuser, ce que lui-même ne pourrait accorder sans encourir le reproche d'avoir, devant l'ennemi, agité ou divisé la nation et l'armée.

— Mais si vous ne m'avez pas reconnu, s'écria le prince, personne ne me reconnaîtra. Placez le capitaine Benoît où vous le voudrez : je vous assure qu'il fera bien son devoir.

— Ah ! Monseigneur, je ne le puis...

Une impression de désespoir altéra un moment le visage du prince. Il dit adieu au général et s'éloigna d'un pas rapide, pendant que Martin des Pallières, pensif et le cœur oppressé d'un lourd regret, l'accompagnait du regard sur la route. De retour à Orléans, le prince de Joinville vint raconter cette entrevue à Mgr Dupanloup ; il était découragé. « Je vais m'en aller, » lui dit-il, et, pendant quelques jours, on ne le revit pas à l'évêché.

Le prince de Joinville eut encore le temps de parcourir plusieurs fois les lignes de l'armée. L'évêque d'Orléans le croyait parti, quand il revint à l'évêché, le 1ᵉʳ décembre. « Je ne puis m'arracher d'ici, dit-il à Mgr Dupanloup ; j'ai tout vu : le choc aura lieu sous vos murs. » Le lendemain, arriva la grande nouvelle, la nouvelle inespérée. On savait vaguement à Orléans que la veille, le 16ᵉ corps avait eu un avantage sur la gauche de l'armée, à Villepion, Terminiers, Faverolles. Le 2, on apprenait que Ducrot, victorieux à Champigny, s'avançait vers la Loire. Orléans crut la France sauvée, et l'armée s'élança animée par l'enthousiasme. Le prince de Joinville résolut d'en suivre le mouvement ; il la vit partir, comme pour la délivrance. « Paris ! nous allons à Paris ! » criaient les soldats en jetant leurs képis en l'air. Près de Chevilly, sur la chaussée qui d'Orléans mène à Artenay, il rencontra, vers onze heures, d'Aurelle et son état-major qui marchaient à l'ennemi. Il salua, leur envoyant de son cœur muet ses vœux et ses bénédictions patriotiques ; M. de Langalerie seul le reconnut. Bientôt retentit un bruit de fusillade et d'artillerie : le 15ᵉ corps avait heurté la division prussienne de von Wittich à Poupry, près d'Artenay ; d'Aurelle avait repoussé les Prussiens ; mais à Loigny et Lumeau, Chanzy avait dû battre en retraite. L'échec était grave. Le lendemain, le prince de Joinville constata la vérité et put juger de l'événement : l'armée reculait sur Orléans. Il fut témoin de l'admirable conduite du 15ᵉ corps, sur cette route d'Artenay à Chevilly, que les troupes parcoururent si lentement, en faisant face aux Prussiens avec tant d'ordre et de bravoure. Mais le soir, on était au-delà de Chevilly ; l'ennemi en tournait les défenses, et s'emparait des canons encloués qu'on était forcé d'y abandonner dans la batterie de marine. Le prince de Joinville assista à toute cette bataille. A la nuit, il regagna Orléans, le cœur plein d'appréhensions lugubres pour le lendemain.

Il s'attendait à une lutte sanglante. A son avis, si les soldats tenaient bon dans les tranchées, les batteries dont on avait entouré la ville, suffiraient à la défense, et longtemps elles empêcheraient l'ennemi d'entrer. Le prince espérait une forte et vaillante résistance. De bonne heure il se dirigea vers Cercotte. Le froid était très-vif, le ciel clair. Sur la droite d'Orléans, par la route de Neuville, arrivaient un à un les soldats débandés et les traînards que la division des Pallières, débusquée la veille des positions qu'elle occupait au front de la forêt, avait laissés sur les chemins. L'ennemi avait de ce côté le libre passage. Sur la gauche, le 16e corps se retirait de village en village, dans la direction de Beaugency. Contre les deux corps d'armée que Frédéric-Charles avait massés au centre et qu'il lançait sur Orléans, deux divisions du 15ᵉ corps, qui se battaient depuis deux jours, restaient donc seules pour disputer aux Prussiens l'accès d'Orléans. Le prince trouva la 2ᵉ division (Martineau-Deschenets) autour de Cercotte, où elle avait bivouaqué. Ses deux brigades s'étaient déployées sur deux lignes : elles s'étaient placées à cheval sur la route de Paris et s'appuyaient sur la droite à la forêt ; toute l'artillerie était à son poste ; un régiment devait défendre Cercotte. Vers onze heures, quelques canons grondèrent tout à coup du côté des Prussiens. On vit leurs batteries paraître, leurs boulets frappèrent de toutes parts nos troupes. Nos artilleurs ripostèrent, mais sans succès : les obus français éclataient en l'air avant d'arriver sur l'ennemi ; les siens, au contraire, ravageaient les rangs de nos soldats. Il fallut évacuer Cercotte. Les brigades Darriès et Rébillard se retirèrent, en se battant avec une énergique et tranquille fermeté que le prince admira beaucoup. Elles entretinrent une fusillade terrible dans la forêt : on ne cédait que pas à pas ; on se défendait derrière le moindre bouquet d'arbre. La retraite se fit ainsi et peu à peu jusqu'aux hauteurs de Saran. Là, notre artillerie, retournant ses pièces contre l'ennemi, s'établit sur la crête et reprit la lutte.

A quelque distance en arrière, près la Montjoie et dans un repli de terrain, l'infanterie s'était arrêtée : elle s'y trouvait atteinte de tous les obus qui rasaient et dépassaient la crête ; immobile, elle était frappée par un invisible ennemi, et c'était la quatrième heure qu'elle recevait ses coups, sans l'apercevoir ni les rendre. Le prince de Joinville, à qui l'émoi de la bataille avait permis de se mêler à cette malheureuse troupe, plaignait le courage de ces pauvres gens ; et à chaque fois qu'un obus faisait une trouée dans leurs rangs, il se demandait si l'oscillation de ces lignes tremblantes n'allait pas devenir la fuite ; car les soldats finissaient par avoir peur de cette mort qui les frappait de si loin, et on ne savait d'où. Un instant, toute une compagnie de mobiles, dont il était voisin, fut couverte des éclats de plusieurs obus. « Est-il possible, monsieur, d'être tué plus bêtement ? » dit au prince un capitaine, presque exaspéré de douleur et de rage, en lui indiquant le corps d'un soldat ; et l'aumônier du 29ᵉ mobiles (Maine-et-Loire) lui montrait en souriant sa soutane déchirée du même coup. Un régiment de marche, qui subissait en cet endroit la même épreuve, s'ébranla et se dispersa soudain sous la grêle de projectiles qui pleuvait sur lui, et les fuyards se jetèrent sur les mobiles. Les officiers eurent beau se multiplier pour empêcher la débandade. Après quelques moments de trouble, tout céda : mobiles et soldats de lignes, avec un entraînement sauvage, se précipitèrent vers le faubourg ; et bientôt la division presque tout entière en assiégea l'entrée, dans une confusion inextricable. Les généraux Darriès et Rébillard essayèrent en vain de rallier leurs troupes ; les hommes étaient sourds à leurs voix ; il y avait panique ; la plupart jetaient à terre leurs sacs pour courir plus vite.

IV.

Le prince de Joinville, consterné au spectacle d'une telle déroute, fut un instant entouré de fuyards, et c'est à grand'peine qu'il évita d'être emporté dans le torrent. Comme il avait passé les Aydes et qu'il s'avançait dans la longue rue du faubourg Bannier, il rencontra un artilleur blessé et gisant à terre, qui venait de tomber là : autour de lui passait, sans le regarder ni l'écouter, la foule des soldats hagards qui gagnaient la ville. Le malheureux suppliait tout le monde, et personne ne l'entendait. Voyant le prince qui venait avec calme : « Ayez pitié de moi, monsieur, je vous prie, » lui cria-t-il d'une voix déchirante. Le prince le prit dans ses bras, et sans savoir où il pourrait le déposer, il alla droit devant lui, cherchant du regard le drapeau blanc d'une ambulance. L'homme qu'il portait était très-grand et très-lourd. Le prince pliait sous le fardeau ; mais, tout accablé qu'il était, il ne pouvait songer à laisser là cet infortuné, qui se serait cru encore une fois abandonné ou à l'ennemi, ou à la mort. Une bonne femme, qui les aperçut, sortit de sa maison, et, touchée de miséricorde, elle offrit son assistance ; le prince la pria de prendre le blessé par les pieds, et c'est ainsi que tous deux le menèrent au couvent de la Visitation, où, à la porte, le blessé fut reçu par les sœurs. « Merci ! » dit en entrant l'artilleur à celui qui l'avait relevé. Ce merci d'un soldat français alla au cœur du prince de Joinville. Cette bonne action faite, il retourna vers le lieu du combat.

La rue devenait déserte. Les habitants se cachaient dans leurs demeures ; et déjà beaucoup s'étaient enfuis, dans la crainte du bombardement. De soldats, presque plus ; çà et là, on n'en voyait que quelques-uns qui se glissaient le long des maisons pour parvenir jusqu'à la ville. Le prince se trouva presque seul sur la chaussée. Il se jeta dans une ruelle, et il arriva à l'une des tranchées où il supposait qu'on allait défendre Orléans. Il atteignit bientôt celle qui, le long de la voie ferrée, cheminait du faubourg à la gare des Aubrais. Un bataillon de mobiles y était rangé en bon ordre, attendant que l'ennemi parût dans les vignes qui s'étendent par devant. Derrière la tranchée, dans un bosquet d'acacias, une batterie de marine épiait l'apparition des Prussiens. A la vue de ce bourgeois qui venait se placer dans la tranchée, un officier des mobiles, demi-étonné, demi-mécontent, lui dit : « Êtes-vous d'Orléans ? » Le prince eût pu répondre oui, et, à l'idée de l'équivoque, il ne put s'empêcher de sourire ; mais, comme à ce moment même, le commandant des mobiles s'approchait de lui, le prince, lui montrant sur sa droite la gare des Aubrais toute crénelée, lui fit remarquer que c'était un poste à défendre, et que pas un soldat ne s'y trouvait. « Vous avez raison, monsieur, » lui dit le commandant. Il s'éloigna et revint bientôt annoncer qu'un bataillon de chasseurs partait pour occuper la gare.

Il était un peu plus de deux heures. L'ennemi arrivait de toutes parts. Déjà on apercevait ses tirailleurs, qui furtivement s'avançaient dans les vignes, ne se relevant que pour envoyer par instants une balle ou deux vers la tranchée. Tout à coup un formidable coup de canon retentit :

les batteries de marine des Acacias et du mont Bedet commençaient à tirer. Nos obus allèrent fouiller la ligne d'arbres et de vignes derrière laquelle l'ennemi se massait; et, par enchantement, les tirailleurs prussiens disparurent. Leurs régiments rétrogradèrent hors de portée.

Le prince de Joinville, au premier bruit des batteries, avait senti son cœur se ranimer. Les marins, ses soldats préférés, entraient donc en lutte : l'acte sérieux de la défense était en leurs mains. Les voir, être dans leurs rangs, les aider, se trouver dans le combat avec ces braves gens comme autrefois sur son vaisseau, c'était une joie pour le prince de Joinville. Sous cette impulsion, il court de leur côté; il entre dans la batterie des Acacias, l'œil brillant de la flamme intérieure, le visage ému, d'un pas rapide et décidé, et s'approche d'une pièce, comme pour assister les canonniers. Quelques-uns reconnurent « l'homme au grand chapeau » qui, plusieurs fois, avait causé si cordialement avec eux. Les officiers lui enjoignirent de se retirer : « Allez-vous-en, lui dit l'un d'eux, vous n'avez pas le droit de rester ici.. » Mais le prince de Joinville, cette fois,

n'avait rien dans son attitude qui pût faire soupçonner autre chose que le patriotisme d'un bon
Français, le dévouement d'un homme de cœur.
« J'ai servi dans la marine, dit-il avec tant de
dignité et d'un accent si vibrant que les officiers
le regardèrent avec une attention sympathique
et remarquèrent qu'il avait l'air des gens habitués
au commandement, et qu'il portait la rosette de
la Légion d'Honneur. J'ai servi dans la marine,
et je suis bien aise de me trouver à pareil moment
avec d'anciens camarades. Je viens vous offrir
mes services : vous pouvez les accepter, sans
crainte que je vous embarrasse. » Ces paroles
suffirent. Au reste, le moment était critique : les
officiers de la batterie avaient d'autres soins à
prendre que celui de surveiller le nouveau venu.
Les Prussiens s'étaient arrêtés : ils avaient mis
plusieurs batteries en position sur la route d'Artenay, et de là ils avaient engagé un duel avec
la batterie des Acacias et celle du mont Bedet.
Leurs obus arrivaient à travers les arbres jusqu'au
talus où s'élevait la batterie des Acacias. Mais
les marins étaient de rudes adversaires. Ils
paraissaient joyeux de leurs devoirs ; cette bataille

leur était une fête : ils avaient dansé de plaisir devant leurs canons, à la nouvelle qu'on voyait les Prussiens et qu'on allait tirer sur eux. Maintenant, graves, silencieux, dociles, ils maniaient leurs pièces avec le sang-froid, l'ordre et la discipline d'un jour d'exercice, sur le pont d'un navire. Quant au prince, il était fier de constater ces fortes vertus militaires ; et lui aussi ne pensait plus qu'à la satisfaction de frapper l'ennemi.

Les artilleurs prussiens étaient d'habiles pointeurs ; leurs obus semblaient se jouer comme en cercle autour de la batterie ; on eût dit des boules lancées à volonté, d'une main sûre et vive. Le prince de Joinville, tranquille au milieu des explosions, ne paraissait attentif qu'au vol de nos projectiles et aux mouvements des Prussiens. Un marin, étonné du courage de ce bourgeois, lui cria :

— Eh ! les obus ne vous gênent donc pas, vous ?

— Moi, répondit le prince, je suis sourd ; je ne peux pas avoir peur comme un autre.

Mot simple et gai, mais noble aussi, où il y a

la pudeur la plus délicate d'une bravoure modeste. Le prince n'était pas là seulement un spectateur qui s'exposait à la mort dans l'oisiveté : il aidait les marins comme un servant, et plus d'une fois il le fit aussi en officier expérimenté. Sur ses observations, on rectifia le tir, et la justesse de ses conseils lui valut dans la batterie un respect particulier. Les coups qui partaient des Acacias et du mont Bedet ne furent pas inutiles : les Prussiens suspendirent leur marche, l'armée gagna plus de six heures, et pendant ce répit elle passa la Loire avec son matériel. Mais le soir, l'ennemi put, à travers l'obscurité, pénétrer librement dans une autre partie de la ville par le faubourg Saint-Jean. Il lui devenait facile dès lors de tourner ces défenses devant lesquelles il s'était arrêté. Le prince eut l'amer plaisir d'envoyer avec les marins l'un des derniers boulets qui atteignirent les Prussiens. Il quitta la batterie au moment où on vint annoncer qu'il fallait suivre l'armée derrière la Loire. Il regagna la grand'rue du faubourg Bannier. Martin des Pallières, à cheval, et rassemblant tout ce qu'il pouvait encore trouver de soldats, était au milieu de la rue ; il essayait un dernier effort pour la défense d'Orléans. Le prince de Joinville le vit en passant, et en fut vu : ils se saluèrent en s'adressant un regard de douloureux désespoir. Puis le prince entra en ville, et voulant, avant de partir, embrasser l'évêque d'Orléans, il courut à l'évêché.

Mgr Dupanloup, retiré dans sa chambre à coucher, achevait de prier pour Orléans et l'armée, quand on lui annonça le colonel Lutteroth. L'évêque se lève. Il aperçoit le prince de Joinville, pâle, fatigué, défait.

— Hâtez-vous, monseigneur, lui dit l'évêque. Les Prussiens arrivent ; on m'a prévenu. Comment êtes-vous encore ici ? Vous ne pouvez être prisonnier des Prussiens, ce serait ridicule. Tué, nous vous pleurerions ; mais être en leurs mains !... Partez, je vous en supplie !

— Je m'en vais : tout est fini.

Et le prince raconte en quelques mots cette triste journée. L'évêque d'Orléans lui serre la main avec une sorte de joie et de gratitude patriotique, en apprenant que ce fils de France a honoré son nom à la défense d'Orléans.

— Partez bien vite, lui répète-t-il encore.

— Pourriez-vous me donner un sauf-conduit pour les prêtres que je rencontrerai en route, dans les villages ?

— Oui, répond l'évêque ; et prenant une feuille de papier, il y écrit quelques mots où il prie les curés du pays de rendre au colonel Lutteroth tous les services qui leur sont possibles.

Le prince de Joinville était exténué de faim. L'évêque lui offre de la viande froide, quelques poires et du pain. Le prince les met dans sa poche ; et laissant un petit paquet qui contenait une blouse, un pantalon et un manteau, que Mgr Dupanloup lui reporta plus tard à Bordeaux, il s'en va après de courts et poignants adieux.

Les rues étaient pleines encore de soldats débandés. Les convois n'avaient pas pu s'écouler tous : une longue file de voitures encombrait la rue Royale et le pont d'Orléans. Cependant un silence de mort régnait sur toute cette scène : c'était la défaite, la retraite ; on savait l'ennemi derrière soi et pas loin. Arrivé au pont d'Orléans, le prince eut beaucoup de peine à se frayer un chemin au milieu de la foule d'hommes et de voitures qui s'y pressaient. Un régiment de dragons défilait sur les trottoirs. Au milieu, convois et troupiers. Un capitaine d'artillerie, désespéré, ses cheveux blancs au vent, le sabre en main, tâchait de faire passer ses pièces. Le prince parvint enfin à traverser le pont. Puis, jetant un dernier regard vers Orléans dont la masse obscure cachait dans son ombre le dernier acte de cette campagne, il prit à droite la route de Blois. Cette route était couverte de fuyards. Elle n'était pas sûre d'ailleurs : l'ennemi, supposant que l'armée de la Loire ou du moins une partie la suivrait dans sa retraite, avait dirigé sa canonnade de ce côté. De la rive droite, il envoyait ses obus çà et là sur la voie et les terrains avoisinants. Ils y tombaient dru, surtout entre Saint-Pryvé et Saint-Hilaire-Saint-Mesmin : plusieurs soldats y furent blessés. Le prince arriva néanmoins sans accident à Saint-Hilaire-Saint-Mesmin. Il s'y trouvait à deux lieues d'Orléans.

Un brillant clair de lune luisait dans cette nuit glaciale. A cette lueur, le prince aperçut sur la droite de la route le clocher du village. Il commençait à sentir le poids de la lassitude avec celui de la tristesse ; en marchant, il avait épuisé sa petite provision de nourriture ; il songea donc à s'arrêter pour se reposer un peu, et gagna la maison qui, proche de l'église, lui parut être le presbytère. Il sonna. Après quelque hésitation, le curé ouvrit lui-même. Le prince se hâta de lui dire : « Je suis un ami de Mgr Dupanloup ; je vous demande l'hospitalité en son nom. » En même temps, il lui tendit le précieux billet dont l'évêque d'Orléans l'avait muni. Ce viatique reconnu dûment légitime, le curé se montra hôte confiant et empressé, bien que sa sœur lui eût murmuré à l'oreille : « C'est un espion prussien ! » Il introduisit le colonel Lutteroth dans son petit cabinet de travail ; et bientôt, assis près du feu, tous deux s'entretinrent de la journée. On entendait encore les derniers grondements de la bataille au-delà du fleuve. Il y avait tout autour de la petite maison quelque chose de funèbre et de solennel dans cette nature attristée par nos malheurs. Longtemps il ne sortit que des gémissements de l'âme de ces deux hommes, inconnus l'un à l'autre, mais unis en ce moment dans la fraternelle communauté du patriotisme.

Le prince parla avec douleur de ces grands sacrifices de la guerre que la fatalité de la France laissait maintenant sans profit et presque sans gloire : « Ah ! dit-il, marcher dans du sang français, dans le sang de ces pauvres soldats tombés inutilement et morts pour rien ! C'est horrible !... » Et la sœur de l'abbé Denis ne put sans frissonner voir des taches de sang aux souliers du prince.

— Vous êtes militaire ? lui demanda le curé.

— Je l'ai été, répondit le prince ; et il détourna le cours de la conversation.

Au milieu de l'entretien, le chien de l'abbé Denis vint caresser le prince : « Voilà l'ami fidèle, monsieur le curé ! dit-il avec un sourire mélancolique. Oh ! la fidélité, elle est bien rare sur la terre et en France ! »

Pourquoi l'abbé Denis fut-il tant frappé de cette réflexion ? Quel instinct poussa sa curiosité à toutes sortes de suppositions ? Il ne le sut pas. Mais il regarda l'étranger, en se disant tout bas que ce personnage pourrait bien être plus grand qu'il ne paraissait.

Un peu plus tard, le prince de Joinville s'étant écrié avec une sorte de désespoir et en croisant les mains :

— Malheureuse France ! que va-t-elle devenir ?...

— Ah ! monsieur, lui répondit le curé, le commencement de tout cela, c'est la révolution de 1830 !

Le prince de Joinville leva la tête ; il semblait ne pas avoir bien entendu, bien compris.

— Oui, dit l'abbé Denis, les fautes et les calamités se suivent l'une l'autre. Louis-Philippe, en 1830, a occupé un trône qui ne lui appartenait pas ; on a brisé le sien en 1848. La République nous a épouvantés alors, et la peur nous a jetés dans les bras de Napoléon III. Eh bien, l'empire a fait cette guerre, et nous en devons les désastres à son incurie, à son incapacité...

Le prince resta silencieux. Cette logique ascendante lui semblait remonter bien loin dans la série des déductions historiques. Mais son cœur était fortement ému de ce nom de son père et de ce souvenir ainsi rappelé dans cette étrange circonstance.

Quant à l'abbé Denis, il acheva sa pensée :

— Voyez-vous, monsieur, la France ne retrouvera le repos et la stabilité que le jour où elle rentrera dans la voie des principes que nos pères ont abandonnés, il y a quatre-vingts ans.

— Je l'ai toujours pensé, répondit le prince. C'est ma conviction, monsieur l'abbé.

La situation de ce prince, perdu au coin d'un petit village de l'Orléanais, le soir d'une grande défaite où il avait fait son devoir, et entendant d'un prêtre, que le hasard lui a donné pour hôte, ces paroles dont l'involontaire sévérité éveillait en lui tant d'idées graves et mélancoliques, c'est une de ces scènes à la fois familières et dramatiques, toutes pleines de l'ironie des choses humaines, comme les aimait l'imagination de Shakespeare : l'infortune des rois et fils de rois se montrait là, presque à l'un de ses derniers degrés.

V.

Le lendemain, au point du jour, le prince de Joinville partait, en suivant la route de Blois [1], Les Prussiens allaient s'y précipiter. De toutes parts, des armes jetées à terre, des soldats débandés, des paysans qui fuyaient avec leurs troupeaux. L'épouvante était dans tous les villages où le prince passait. Sur ce chemin, personne n'avait le moindre renseignement à lui donner ; il ne savait plus rien. L'armée existait-elle encore ? où devaient s'en rassembler les débris? Il l'ignorait ; et, dans cette incertitude, il résolut de retourner à Tours, où il pourrait s'informer. Aux environs de Mer, il rencontra un escadron du 6° hussards; mais, à ses discrètes questions on répondit plus discrètement encore :

[1] A son départ, le prince de Joinville, en reconnaissance de l'hospitalité qu'il avait reçue sous le toit de l'abbé Denis, lui laissa une généreuse offrande qu'il le pria de consacrer aux besoins des blessés et des pauvres.

il n'apprit rien et continua. Il trouva un peu plus loin une carriole montée par des fermiers qui emmenaient leurs chevaux pour les soustraire aux réquisitions. On lui fit place dans la voiture, et, le 6 décembre, il arrivait avec eux à Montrichard d'où le chemin de fer le conduisit à Tours. Par malheur, deux personnes le reconnurent dans cette ville : immédiatement, il la quitta et se rendit au Havre pour y revoir le duc de Chartres, dont le sort l'inquiétait. Il y sut de lui que l'armée de la Loire s'était réorganisée et que Chanzy opposait aux allemands une résistance désespérée. Cette nouvelle, à peine connue, le prince de Joinville revenait à la hâte sur ses pas, et gagnait à travers mille difficultés les champs de bataille du Vendômois.

Après la prise d'Orléans, M. Gambetta avait divisé en deux l'armée de la Loire : Bourbaki prit à Bourges le commandement de la première ; la deuxième, composée des 16e, 17e et 21e corps, fut placée sous les ordres de Chanzy et se posta entre Beaugency et la forêt de Marchenoir, pour défendre la route de Tours. Cette défense fut acharnée. Le 6, les Allemands arrivent : on se bat

à Foisnard. Le 7, on lutte à Vallière, à Langlo-
chère, à Messas, à Villechaumont, à Cravant.
Le 8, c'est la grande journée de Villorceau. Le 9,
le sang coule à Cernay, à la Villette, à Tavers,
à Villejouan. Le 10, on arrête l'ennemi à Villejouan et au château de Coudray. Puis, Chanzy
se retire sur Vendôme. Les Allemands accourent
de nouveau : on les repousse, le 14, à Morée et à
Fréteval. Le 15, bataille de Vendôme. Le 16, ils
attaquent pour la seconde fois à Morée. Le 17,
le corps de Bretagne les chasse de Droué. Enfin,
la deuxième armée a fatigué, par sa fière résistance, l'opiniâtre vainqueur qui la poursuivait :
les Allemands n'osent ni ne peuvent maintenant
avancer plus loin ; Chanzy établit son quartier
général à Saint-Calais. Et c'est aux environs de
cette petite ville que, le 19 décembre, le prince
de Joinville trouve les vaillantes et malheureuses
troupes qui venaient de faire cette glorieuse
campagne.

La deuxième armée était épuisée de lassitude.
En dix-huit jours, elle avait livré douze combats,
combats meurtriers dont plus d'un fut une victoire et dont aucun ne fut une déroute. C'avait

été une retraite héroïque et lente, mais conti-
nuelle : on avait dû toujours marcher ou toujours
se battre. En Beauce, les soldats avaient campé
dans la boue ; autour de Vendôme, c'était dans
la neige : à certains soirs, ils n'y pouvaient pas
même allumer les feux de bivouac pour se
réchauffer. Il y avait eu des froids d'une rigueur
terrible, si atroce même que, dans la nuit de
Noël, par exemple, beaucoup d'hommes périrent
sous leurs tentes ; et le prince de Joinville vit
ceux qui, cette nuit là, eurent des membres gelés,
remplir des trains immenses qu'on dirigea vers
des hôpitaux lointains. La plupart, en effet, n'a-
vaient rien pour se protéger d'une telle intempérie :
ils traînaient des chaussures déchirées ; beaucoup
manquaient de capotes ; presque tous ne portaient plus que des vêtements en lambeaux. C'était
un dénûment lamentable. La fièvre et la variole les
tuaient par centaines. Certes, pour supporter
tant de maux, il eût fallu une constance et une
vigueur qu'à peine aurait-on pu exiger de vieux
soldats. Ces troupes, rassemblées d'hier, formées
comme au hasard, toujours forcées de reculer,
sensibles au désespoir général du pays, résis-

taient mal à tant de privations et de souffrances :
la mesure de ce qu'elles pouvaient endurer était,
hélas ! dépassée. Beaucoup s'attardaient dans les
fermes ou se cachaient dans les bois, pour déser-
ter. D'autres, une fois que la fatigue les avait
arrêtés, restaient comme cloués sur place : ils se
livraient, inertes et stupides, au premier uhlan
qui arrivait.

La sévère vigilance de Chanzy eut beau multiplier ses précautions. Quand on s'aperçut que
l'ennemi cessait ses attaques, quand l'armée
apprit qu'elle s'en allait au Mans, l'espoir enchan-
teur de jouir là d'un peu de repos, de sommeil et
de feu, fascina un grand nombre de soldats
jusqu'alors fidèles à leur devoir. Le Mans ! c'était
l'abri, c'était l'asile ! Par tous les petits chemins
qui sillonnent ces campagnes montueuses et
couvertes de haies, les hommes se sauvèrent
pour gagner le Mans : leurs pieds meurtris et
endoloris, leurs corps exténués trouvaient la
force de doubler les étapes. La plupart s'en
allaient, mentant, accusant, mendiant, déshono-
rant leur uniforme par de basses supplications ou
une ivresse ignominieuse. « Le Mans, a dit

Chanzy [1], fut bientôt encombré par cette foule débandée, qui, privée forcément de ses distributions, échappant à toute discipline, présentait l'aspect le plus misérable et le spectacle plus honteux pour une armée.» Les deux régiments de gendarmerie que Chanzy avait lancés à la recherche des fuyards et des isolés, les ramenaient par milliers. Misérables et malheureux tout à la fois, la vue de ces prisonniers d'une nouvelle espèce excitait le dégoût autant que la pitié. Ils semblaient ne plus connaître de patrie et n'avoir jamais obéi. Trois ou quatre gendarmes, avec un brigadier, les conduisaient par troupeaux de sept à huit cents. Ils passaient, déguenillés, sales sous leurs haillons, boiteux, hébétés : beaucoup avaient jeté leurs armes ; les autres portaient leur fusil pendu à leur cou et rouillé. Devant ce tableau, on désespérait de la France, on rougissait pour elle. Et tels étaient la cynique lâcheté, le mauvais vouloir, l'abêtissement de ces bandes, que presque tous avaient supprimé sur eux tout galon, bouton ou marque distinctive. On leur demandait le nom

[1] Chanzy, *la Deuxième armée de la Loire,* p. 206.

de leur régiment, de leur colonel, de leur général : ils ne s'en souvenaient plus ! Le numéro même de leur corps, ils feignaient de ne pas le savoir ! On les parquait, on les triait presque au hasard ; puis, au Mans, on les chaussait, on les équipait, et avant de les incorporer de nouveau, on les laissait se reposer un peu. Au bout de cinq à six jours, on réussit à en débarrasser le Mans et la contrée.

C'est auprès de Saint-Calais que le prince de Joinville eut sous les yeux ce douloureux spectacle. Il n'en fut pas seulement attristé, sa fierté patriotique s'en offensa et le désespoir saisit son cœur. Mais c'est là aussi qu'il eut un moment la joie de se voir admis et de se croire adopté dans l'armée, noble faveur qu'il avait cinq fois déjà demandée vainement à Paris, à Tours et sous les murs d'Orléans.

Dans cette nouvelle campagne, le capitaine de vaisseau Jaurès commandait le 21ᵉ corps. Le prince de Joinville le connaissait : il l'avait eu tout jeune sous ses ordres, et, de plus, il était lié à sa famille par d'affectueuses relations. Il eut donc la pensée d'aller le trouver : il espérait .

obtenir au moins un sauf-conduit qui lui permît de suivre l'armée sans être inquiété. Ayant appris que le quartier général du 21ᵉ corps était à Sargé, sur la route du Mans à Mortagne, le prince s'y présenta le 22, et fut introduit près de Jaurès sans difficultés. Jaurès, qui s'entretenait alors avec le général Loysel et le colonel Magnan, les pria, à la vue de l'étranger, de le laisser seul avec lui. D'un regard il avait reconnu le prince de Joinville, et, se précipitant vers lui avec un mouvement de sincère et cordial plaisir :

— Que je suis heureux de vous voir ! lui dit-il en lui serrant la main.

Le prince de Joinville fut charmé de ce bon accueil ; il sentait qu'il venait de rencontrer un ami. La conversation lui prouva bientôt que ce sentiment de confiance ne l'avait pas trompé. Après avoir parlé du lamentable état de la France et de la situation où se trouvait l'armée de la Loire, le prince, pour satisfaire à la curiosité un peu étonnée de Jaurès, lui raconta sa vie, ses démarches, ses insuccès et ses chagrins. Il lui dit que c'était une douleur pour lui que d'exciter tant de soupçons et d'être exclu jusque des rangs des plus humbles soldats, jusque du péril et de l'infortune de la France.

— Restez donc avec nous, lui dit Jaurès, dont l'âme se laissait entraîner à ses plus vifs instincts de Français et d'homme de guerre. Qui vous en empêche ?

— La chose n'est pas si facile que vous le supposez, lui répondit le prince. Si je vous accompagne de loin, sans titre ni protection, je m'expose à tous les accidents fâcheux que j'ai déjà éprouvés sous mes apparences de bourgeois, c'est-à-dire d'importun, d'inutile ou d'espion. Voulez-vous m'admettre dans vos troupes ? et si vous ne le pouvez pas, croyez-vous possible au moins de me donner un laisser-passer qui m'autorise à vous suivre librement ?

— J'essayerai, dit Jaurès ; je verrai le général Chanzy.

Le prince se retira, plein de foi dans cette promesse et séduit par un secret espoir.

Le jour suivant, 23 décembre, il reçut la visite de Jaurès. « Chanzy vous attend, » lui dit celui-ci. Ce simple mot toucha le prince. Il y trouvait une première preuve de ce qu'il y avait d'actif et d'efficace dans la bonne volonté de Jaurès. Il était agréablement surpris aussi que Chanzy consentît à l'entendre : c'était d'un heureux augure. Cette fois, on ne l'écartait point avec la peur de lui parler ; on avait donc enfin compris dans sa loyale simplicité la demande qu'il venait adresser à ces soldats et à cette armée de la dernière heure ! D'ailleurs, il lui était doux de pouvoir dire de vive voix à Chanzy combien il l'honorait pour l'énergique, patiente, opiniâtre, habile et courageuse résistance qu'il opposait à l'ennemi, d'étape en étape, depuis Beaugency et Josnes. Sous l'empire de ces sentiments, il partit avec Jaurès pour le Mans, où Chanzy avait alors son quartier général dans une grande maison située vis-à-vis de la préfecture.

— Monseigneur, dit Chanzy au prince, je serais heureux de me mettre tout entier à votre disposition. Je comprends ce que votre patriotisme nous demande, et, soldat, je me féliciterais de fournir à un soldat les moyens de servir son pays. Ce serait même un devoir absolu pour moi, si les circonstances n'étaient ce qu'elles sont. Mais vous ne l'ignorez pas, monseigneur, je suis fort peu de chose. A peine si je sais comment je suis devenu général en chef; demain je puis cesser de l'être. J'ai à consulter la volonté du gouvernement bien plus qu'à écouter la mienne; car votre affaire, si simple pour nous, militaires et patriotes, ne le paraîtra pas à M. Gambetta, et je ne pourrai rien faire sans son consentement.

Le prince lui répondit qu'il n'avait qu'un désir, fort simple et désintéressé, peu dangereux au gouvernement, celui de se battre pour son pays. Il ne briguait ni grades ni distinctions; il aimerait même à rester inconnu : il serait volontaire, il saurait faire son devoir obscurément, il ne révèlerait son nom à personne. S'il sollicitait une autorisation du général, c'était parce qu'il lui avait paru loyal de l'avertir, et qu'il désirait s'épargner d'inutiles et ridicules mésaventures. Il n'avait qu'une intention, celle de s'associer, pour le service de la France, au dévouement de tous les Français. Il acceptait d'avance toutes les conditions qu'on lui imposerait; elles lui seraient légères, pourvu qu'on lui laissât le droit d'accompagner à ses derniers dangers, à la perte ou au salut, cette vaillante armée qui portait en elle la suprême espérance de la patrie. Il voulait avoir l'honneur et la consolation de se trouver parmi ceux que l'ennemi aurait eus les derniers en face de son insolente fortune. C'était tout.

Le général Chanzy sentit vibrer ces virils accents dans son propre cœur.

— Eh bien, dit-il, soyez des nôtres, monseigneur. Je saurai seul qui vous êtes. Pour tout le monde vous resterez le colonel Lutteroth. Vous recevrez, sous ce nom, l'autorisation et le sauf-conduit qu'il vous faut.

Le prince, ému de cette générosité d'âme, remercia avec effusion le général Chanzy, qui lui accordait ainsi tout ce qu'on lui avait refusé jusqu'alors. C'était la première joie qu'il eût goûtée depuis bien longtemps : il lui parut que son exil avait cessé, et qu'il rentrait comme soldat dans son pays, puisqu'il ne le pouvait pas comme prince. Il croyait enfin avoir repris sa place de citoyen dans sa patrie.

Chanzy, tout en accueillant la demande du prince de Joinville, avait réservé la sanction du gouvernement : il devait avertir M. Gambetta de la permission provisoire qu'il donnait au colonel Lutteroth [1]. Rien n'était donc assuré encore. Mais comment supposer que M. Gambetta retirât au général Chanzy le droit dont il usait avec une si franche et si patriotique honnêteté ? Le prince jugeait d'ailleurs naturel et juste que Chanzy, pour l'heure présente et pour l'avenir, s'abritât contre tous les soupçons, ceux de l'opinion publique ou du gouvernement. Il fut donc convenu que, sans aucun retard, le général ferait à Bordeaux une démarche officielle.

Puis on parla de la guerre. Chanzy raconta sa campagne avec modestie. Il savait le peu qu'il avait pu, il apercevait les effrayantes difficultés qui l'entouraient. Mais si on le laissait libre, il tiendrait tête à l'ennemi longtemps encore, et

---

[1] Le général Chanzy a indiqué ainsi les motifs de sa conduite : « Comme le général en chef voulait éviter au prince les désagréments d'une position mal définie ; dans l'opinion publique, toute équivoque ; au gouvernement, tout sujet de préoccupation, et, pour lui-même, une fausse interprétation de sa conduite, il fut convenu qu'une démarche officielle serait faite à Bordeaux pour demander la sanction de la délégation. »
(*La deuxième armée de la Loire*, page 528.)

peut-être pourrait-il bientôt, par une stratégie plus hardie, lui porter des coups plus vigoureux. Dans cet entretien, comme à la vue de ses opérations, il était facile de découvrir en lui ces deux grandes qualités, l'imagination militaire qui conçoit et qui ose, la constance qui ne désespère pas ou qui espère toujours. Chanzy aurait voulu, dès ce moment même, combiner ses mouvements avec Bourbaki et Faidherbe pour faire un effort simultané dans la direction de Paris. Il se plaignit de n'être pas suffisamment renseigné. « Je crois, dit-il au prince de Joinville, que Bourbaki marche sur Troyes. » Or, d'après le plan de M. de Freycinet, Bourbaki marchait déjà vers l'est : au lieu de Paris, c'était Belfort qu'on lui avait prescrit de prendre pour objectif.

Vers la fin de cette conversation, Chanzy demanda des nouvelles du duc d'Aumale, qu'autrefois il avait eu pour chef en Afrique.

— Où est-il ? dit-il au prince.

— En Angleterre, répondit Joinville, et fort malheureux de son inaction. Il a écrit à M. Gambetta, qu'il connaît personnellement, pour lui demander du service.

— Ah ! et qu'a répondu M. Gambetta ? .

— Je ne sais pas ; mais je suppose que, plus ou moins nettement, il aura refusé [1].

Le soir, Chanzy envoyait au prince de Joinville le sauf-conduit qu'il lui avait promis. En même temps, il lui annonçait que son chef d'état-major, le commandant Marois, en allant remettre à M. Gambetta une lettre relative aux opérations, lui en portait une autre où le général priait le gouvernement d'approuver et de confirmer l'autorisation accordée au prince.

[1] Les princes d'Orléans ne se contentèrent pas de la démarche que le duc d'Aumale, le prince de Joinville et le duc de Chartres tentèrent, le 6 septembre. Plus tard, le comte de Paris fit la même demande et il éprouva le même refus. Le comte d'Eu quitta le Brésil pour venir offrir ses services à la France ; mais il arriva trop tard : on avait signé l'armistice. Le duc d'Alençon sollicita vainement du général Faidherbe l'honneur de servir dans l'armée du Nord. Le duc de Penthièvre, qui se trouvait en Islande au commencement de la guerre, se hâta de revenir, avec l'espoir qu'on le recevrait comme volontaire sur un des vaisseaux envoyés à la recherche de la marine prussienne ou pour l'attaque d'un port ennemi : il n'en put obtenir la permission.

Voici le texte de cette lettre :

« Monsieur le ministre,

« Le prince de Joinville est venu trouver hier le général Jaurès, le priant de solliciter pour lui l'autorisation de suivre l'armée. Le général me l'a présenté ce matin.

« Le prince est en France sous le nom de colonel Lutteroth ; il a assisté aux affaires du 15ᵉ corps en avant d'Orléans, a pris part au combat dans une des batteries de la marine, et n'a quitté la ville qu'avec les derniers de nos soldats.

« Il demande à suivre mes opérations, promettant de conserver la plus grande réserve et de ne se révéler à personne.

« Ne voyant en lui qu'un soldat, qu'un homme de cœur aimant la France et mettant franchement de côté toute idée autre que celle de se dévouer pour elle, j'ai cru ne pouvoir lui refuser ce que le gouvernement de la république accorde à tous les Français.

« Mon devoir est de vous en rendre compte et de prendre vos ordres.

« Resté jusqu'ici étranger à la politique, fermement décidé à continuer, tout entier à la tâche que le gouvernement m'a confiée, je tiens à ce que personne ne puisse se méprendre sur les sentiments qui m'ont guidé dans cette circonstance.

J'attends donc les instructions que vous me donnerez à ce sujet, et vous pouvez être assuré que je m'y conformerai strictement.

« Veuillez, etc.

« *Sign*é : CHANZY. »

Parti le 23, le commandant Marois arriva le 25 à Lyon, où M. Gambetta se trouvait alors, et il ne put revenir au Mans que le 29, porteur de la réponse du jeune dictateur. Pendant ces cinq jours, le prince de Joinville employa son temps à se pourvoir de l'équipement qui lui était nécessaire, et il s'acheta un cheval. Il alla visiter autour du Mans toutes les positions où Chanzy avait rangé son armée, en attendant le combat. Grâce à son laisser-passer, il circulait librement ; et c'était avec une joie virile et fière qu'il jouissait de cette permission. Il se sentait, sous son pseudonyme, comme adopté par la France parmi ses soldats. Et ne voyant venir aucun ordre qui retirât l'autorisation dont il était muni, il s'imaginait volontiers que le gouvernement, las de ses vaines défiances, y avait renoncé. Hélas ! c'était une illusion : loin de rien accorder, M. Gambetta allait pousser la rigueur jusqu'à la violence.

Le 29 au matin, Jaurès entrait chez le prince et lui disait : « Tout ira bien, je pense. Le général Chanzy a reçu de M. Gambetta un télégramme où il le remercie de ses loyales informations et où il le prévient que le commandant Marois nous apporte la réponse. Ce télégramme nous paraît être un heureux présage : le général Chanzy présume que la réponse de M. Gambetta vous sera favorable, Monseigneur.

— L'espoir du général Chanzy m'atteste sa bienveillance, dit le prince. Je commence à croire que grâce à lui, grâce à vous, mes vœux vont s'accomplir. Dites-lui qu'encore une fois, je le remercie de tout mon cœur.

Dans la nuit, Jaurès frappait à la porte du prince. Sa tristesse était visible ; le prince lut sur son visage une mauvaise nouvelle. « On a refusé, dit-il. Tenez, Monseigneur, voici la lettre de M. Gambetta. Le général en a un regret profond.

Mais il veut que vous sachiez bien ce qui s'est passé. Il m'a donc chargé de vous mettre sous les yeux le brouillon de la lettre qu'il avait écrite à M. Gambetta. Quant à la réponse, le général vous prie seulement de n'en pas prendre copie. »

Le prince de Joinville lut alors la lettre suivante de M. Gambetta :

« Lyon, le 27 décembre 1870.

« Mon cher général,

« Votre lettre touchant la présence du prince de Joinville à votre armée est d'un honnête homme, d'un loyal serviteur du gouvernement de la France, et je vous en remercie.

« Vous me demandez, pour les suivre strictement, mes instructions sur ce grave sujet ; les voici :

« Le prince, même sous un nom d'emprunt, ne peut rester en France sous aucun prétexte. Il a commis une faute très-grave en pénétrant sur le territoire subrepticement, et en se rendant aux armées, où il pourrait devenir pour la paix publique, si sa présence était révélée, un élément de désordre, et dans le pays un brandon de guerre civile. La question posée par la présence du prince n'est d'ailleurs pas nouvelle pour nous : elle s'est posée dès le lendemain de la révolution du 4 septembre, et le gouvernement de Paris fut unanime pour faire ramener à la frontière les imprudents qui l'avaient franchie. Dans une occasion plus récente, les intentions du gouvernement leur ont été signifiées de nouveau. La conduite du prince de Joinville est donc tout à fait coupable. — Comme républicain, comme membre du gouvernement, je dois faire respecter les lois ; dès demain, M. le colonel Lutteroth sera conduit en lieu sûr.

« Telles sont les instructions que je vous prie de faire exécuter.

« Agréez, etc.

« *Signé :* L. GAMBETTA. »

Le prince de Joinville, pendant cette lecture, eut à refouler dans son cœur plus d'une protestation prête à s'en échapper. Il eût pu demander de quel droit M. Gambetta, le lendemain d'une révolution qui rendait à la France la liberté de choisir, pour la gouverner, même ses exilés d'hier, le maintenait dans un exil d'où il laissait venir non pas seulement des hommes condamnés pour un jour devant la nation, mais des hommes condamnés pour toujours devant la société. On acceptait, même au gouvernement de la France, des contumaces ou des conspirateurs à peine sortis de prison ; on voyait accourir de Londres et de Bruxelles pour des emplois ou des loisirs tous les proscrits de 1849 et de 1851 ; et ces décrets de bannissement ou ces sentences des tribunaux qu'on abrogeait pour eux, on osait ne les abolir qu'au profit des démagogues ! D'où venait donc à M. Gambetta ce pouvoir de distinguer parmi les exilés ceux dont la France voulait et ceux dont elle ne voulait pas ? l'avait-il consultée ? Et s'il l'avait priée de faire un choix, eût-elle exclu les princes d'Orléans, tous Français et soldats, les eût-elle exclus de ces armées où son désespoir humilié donnait accès aux aventuriers des deux mondes ? pouvaient-ils moins bien servir leur patrie en lui apportant leur épée, que M. Louis Blanc et M. Victor Hugo en lui apportant leurs déclamations ? Le prince de Joinville menaçait-il la France d'une guérre civile, plus que Félix Pyat, Délescluze ou Cluseret? méritait-il moins que Bordone ou Lissagaray, nous ne dirons pas l'honneur d'être général comme eux, mais de se battre comme soldat? Quoi! Garibaldi, les mains teintes naguère de notre sang, venait commander une armée française, et un prince d'Orléans, qui avait grandi sous nos drapeaux et pour eux, ne pouvait pas entrer dans un régiment français! On ne l'admettait pas même parmi ces enfants perdus que Garibaldi menait à sa suite! Singulière contradiction dont l'erreur atteste bien l'empire que l'esprit de parti exerce sur les sectaires, même à l'heure où périssent les nations qu'il prétendaient sauver.

M. Gambetta, « comme républicain, » rejetait le prince de Joinville de la patrie, de l'armée et du péril. Que signifiait ce titre? Voulait-il parler seulement de ses sentiments personnels? Mais ses qualités n'étaient pas des lois. Voulait-il faire entendre que la France était une république, et devait se régir à la manière d'une autre Athènes, avec la liberté de l'ostracisme? Mais, loin que le gouvernement se fût proclamé tel ou orgânisé ainsi, il avait pris un nom qui indiquait sa neutralité politique, et il avait convoqué tous ses enfants pour la défense nationale. Ce titre de républicain ne servait donc ici qu'à l'usurpation d'un droit. Il appartenait aux princes d'Orléans de rester dans l'exil ou de paraître : c'était pour eux une question de tact ou d'opportunité. Mais le légitime pouvoir de les repousser, M. Gambetta ne l'avait pas. Et certes, si la France l'avait pu voir reconduire à la frontière le prince de Joinville ou le duc de Chartres, pour le crime d'être venus se battre obscurément dans ces mêmes armées où tant de démagogues évitaient de se montrer, elle eût protesté contre M. Gambetta : elle eût protesté, par un mouvement de tendresse héroïque, dans la pudeur de son honneur et pour la revendication de son droit à elle !

Déjà ces hommes qui tenaient d'un hasard leur toute-puissance, et qui, à la première heure avaient juré de respecter la souveraineté de la nation, déjà ils se regardaient comme les maîtres de sa volonté : ils espéraient lui imposer peu à peu, à force de ruse et d'audace, la constitution de leur choix. M. Gambetta l'essayait : il républicanisait, jusque dans l'armée, toutes les vanités ou les convoitises ; il calculait que la guerre créerait la république ; il s'accoutumait et il voulait habituer le pays à la croire créée. Et voilà comment, considérant la France comme dotée d'un gouvernement politique, et la tenant sous une dictature dite républicaine, il appliquait au prince de Joinville les rigoureuses lois de cette république qu'il se faisait à lui-même et au pays ! C'était un sophisme et une violence.

M. Gambetta donnait de son iniquité une raison ridicule, quand il disait du prince de Joinville, qu'en « se rendant aux armées, il y pourrait devenir pour la paix publique, si sa présence était révélée, un élément de désordre et, dans le pays, un brandon de guerre civile. » Le prince s'était battu, à Orléans, dans la batterie des Acacias : qui donc l'y avait reconnu ? et dans quel péril avait-il mis la paix publique derrière ces canons qu'il pointait sur l'ennemi ? A supposer qu'on le reconnût sous le nom du colonel Lutteroth, quel eût été le sentiment du pays ? Aurait-ce été le désir de lui confier ses destinées ? Non, évidemment. Et pourquoi sa présence eût-

elle excité la guerre civile ? est-ce que toute la
France ne savait pas que le prince de Joinville
n'est pas un prétendant ? est-ce que toute la France
ne savait pas que, comme ses frères et ses neveux,
il est encore plus patriote que prince ? est-ce que
toute la France ne savait pas que le duc d'Aumale et lui, en 1848, s'étaient inclinés devant la
volonté du pays, en quittant une flotte et une
armée dont ils étaient les chefs ? Et, en vérité,
si l'exemple du duc de Chartres, cinq mois soldat pendant cette guerre sous le nom de Robert
le Fort, ne prouvait pas qu'un prince peut se
cacher dans le devoir inconnu et servir son pays
modestement, le prince de Joinville n'aurait-il
pas eu le droit d'attester les exemples de M, de
Charette et de M. Cathelineau ? Leurs noms à
eux auraient pu, parmi les généreux gentils-
hommes, les fidèles Bretons et les zélés catholi-
ques qu'ils commandaient, provoquer plus aisément, s'ils l'avaient voulu, cette guerre civile
qu'affectait de craindre M. Gambetta. Eh bien,
M. Cathelineau n'avait armé d'autres soldats que
ceux de la France, et ses Vendéens ne mou-
raient-ils pas pour le pays, sans disputer leur

obéissance à la république de M. Gambetta?
A Loigny, sous la blanche bannière de la Vierge,
M. de Charette était tombé, et tant de vaillants
avec lui, dévoués à leur roi comme à la patrie et
à Dieu : quelle guerre civile avaient-ils donc
tentée en chargeant les Prussiens? quel autre
sang que le leur ou celui de l'ennemi avaient-ils
versé? Et pourquoi M. Gambetta refusait-il au
prince de Joinville, sous le voile de l'inconnu, la liberté de faire ce que M. de Charette
et M. Cathelineau faisaient aux yeux de la France
entière?

La vraie raison de M. Gambetta, il est facile
de la deviner. Il n'ignorait pas, en effet, tout ce
qu'il y avait de déclamatoire et de faux dans ces
mots : « Les imprudents qui avaient franchi la
frontière. » Il ne pouvait pas, de bonne foi, leur
attribuer l'intention de venir entreprendre sur le
gouvernement de la Défense nationale. Il savait
bien qu'ils n'étaient pas accourus dans ce dessein ; mais que, soldats de cœur, privés depuis
vingt ans du bonheur de voir la France, exaltés
par leur patriotisme et la souffrance de l'exil,
passionnés pour l'honneur, fidèles à leur nom,

ils ne s'étaient présentés que pour remplir leurs devoirs de Français. Non, M. Gambetta ne se trompait pas sur leurs sentiments. N'eût-il fallu qu'examiner leur intérêt, M. Gambetta pouvait encore comprendre aisément que la politique la plus simple leur eût défendu toute tentative personnelle d'usurpation. Se charger d'un tel fardeau, la succession d'un empire qui ne laissait que la honte et la misère à la patrie, c'eût été peu habile ; s'emparer d'un gouvernement à pareille heure, dans l'embarras de la France, au milieu de tous ces sacrifices et de ces dévouements qui rivalisaient d'abnégation pour son salut, c'eût été maladroit et criminel. Assurément, les princes d'Orléans ne pouvaient paraître à M. Gambetta capables de cette folie. Mais il savait aussi que leur patriotisme et leur courage leur vaudraient l'estime de la France ; or il ne le voulait pas, comme s'il l'eût craint pour ses propres projets. M. Gambetta avait dit juste: c'était « comme républicain » qu'il était envieux du devoir qu'ils réclamaient ; c'était la république, la sienne, qu'il croyait servir, en leur interdisant l'occasion de la gloire ; c'était comme fils de roi qu'il les proscrivait : il avait peur, pour son parti, que ces enfants de la maison de Bourbon s'ennoblissent encore dans le devoir. Quant à la France, M. Gambetta, en intimant au prince de Joinville un refus si peu français, ne pensait aucunement à elle.

Le prince, en lisant cette lettre, si impérieuse, si brutale et si injuste, avait ressenti autant d'indignation que de tristesse. Ces soupçons l'irritaient ; ces accusations l'étonnaient ; cet ordre de partir, à l'heure où ses vœux paraissaient presque réalisés, le remplissait de chagrin. Jaurès, ému de tous les sentiments qui lui semblaient agiter le cœur du prince, restait devant lui dans un silence respectueux.

— Que pense de cette lettre le général Chanzy ? lui demanda le prince de Joinville.

— Il m'a dit : « Assurez le prince que c'est avec douleur que je lui communique une pareille lettre. L'ordre qui la termine, je ne l'exécuterai jamais. Mais dans la situation où nous sommes, dans l'état où se trouve le pays, je conseille au prince de retourner en Angleterre. S'il se décide à suivre ce conseil, qu'il veuille bien m'indiquer la route qu'il prendra. »

Le prince réfléchit quelques minutes. Un violent combat se livrait dans son âme. « Je me résigne, dit-il : je le dois, sinon à M. Gambetta, du moins au général Chanzy. Quant à mon pays, c'est un sacrifice inutile qu'on me demande de lui faire : je n'avais pas et je n'ai jamais eu, à l'égard de notre pauvre France, une seule pensée d'intérêt particulier; je ne voulais servir qu'avec un humble et sincère dévouement. » — Il se tut, réfléchit encore, et ajouta : « Eh bien, répondez au général que je partirai demain. »

Puis, il écrivit au général Chanzy cette lettre de remercîments ;

« Le Mans, 29 décembre 1870.

« Général,

« Je ne veux pas m'éloigner sans vous remercier de ce que vous avez fait pour moi.

« Votre loyauté de soldat avait compris qu'on peut vouloir servir son pays uniquement parce qu'on l'aime. Vous aviez compris la douleur de quelqu'un qui a porté l'épée, de rester seul oisif dans la crise terrible que nous traversons.

« Tous mes vœux les plus ardents accompagnent vous et votre armée.

« Croyez à mes sentiments reconnaissants.

« Fr. d'Orléans. »

En remettant cette lettre à Jaurès pour le général Chanzy, le prince de Joinville le remercia de l'empressement qu'en ces circonstances il avait mis à l'aider de tout son pouvoir. Il lui dit adieu avec une mélancolique affection, et, resté seul, il s'abandonna à sa douleur.

Ces généreux soldats, en agissant ainsi avec le prince de Joinville, avaient fait leur devoir envers la France. C'était maintenant aux policiers de M. Gambetta de commencer leur œuvre.

VI.

Dans la matinée du jour suivant, 30 décembre, comme le prince de Joinville s'apprêtait à partir et venait de régler ses comptes, le commandant de Boisdeffre, aide de camp de Chanzy, lui envoya un billet où le général insistait pour savoir exactement dans quel port et à quel jour le colonel Lutteroth désirait s'embarquer. Le prince allait porter lui-même la réponse au commandant, quand un commissaire de police, paraissant sur la porte, lui barra le passage et le somma de l'accompagner. « Dites à M. de Boisdeffre que M. Lutteroth ne peut pas répondre, parce qu'on l'appelle tout de suite à la préfecture. » Le prince, en sortant, adressa ces mots au soldat qui lui avait remis ce billet ; puis il suivit le commissaire.

A la préfecture, on l'introduisit dans une chambre à coucher. Le prince y était à peine entré, qu'il vit venir à lui un personnage d'une mine assez sombre, pourvu d'une barbe épaisse, et dont la tête s'enfonçait un peu dans les épaules. Il se présentait l'air troublé, et en agitant les bras, comme pour dire : « Vraiment, je suis désolé de tout cela ! » L'homme n'avait pas les traits d'un timide ; mais en ce moment il semblait fort embarrassé. Une gêne secrète le rendait gauche ; il cherchait au fond de son esprit ce qu'il pourrait dire en commençant. Le prince le regardait avec curiosité et se demandait s'il finirait par parler. Enfin, l'individu balbutia d'un ton pénible ces mots, qui assurément n'étaient pas le discours qu'il s'était préparé :

— Vous êtes le prince de Joinville ?

— Oui, monsieur.

Ici s'arrêta court l'éloquence hésitante de l'inconnu. Il ne savait plus comment continuer. Il y eut un long silence. Le prince attendit. A la fin, l'heure n'étant pas aux incidents comiques, le prince reprit :

— A qui ai-je l'honneur de parler ? à monsieur le Préfet ?

— Non, monsieur. Je suis le directeur de la sûreté générale.

— Ah ! monsieur Ranc, alors… Je connais votre nom, monsieur. J'ai lu votre *Roman d'une conspiration*. Mais dans cette affaire il n'y a pas de roman, et vous savez aussi bien que moi, monsieur, qu'il n'y a pas de conspiration non plus, dit le prince avec un léger sourire.

— Je le sais, répondit M. Ranc avec un empressement qui était à la fois celui de la timidité se déliant de ses nœuds, et celui de la vérité tout à coup s'échappant d'elle-même. Mais considérez nos difficultés. Si notre parti soupçonnait que nous autorisons votre présence au milieu de l'armée, il nous suspecterait aussitôt ; on crierait partout que nous ouvrons les voies à l'orléanisme. Et, de leur côté, les légitimistes ne nous épargneraient pas. Nous aurions d'implacables ennemis à droite et à gauche… Nous sommes mille fois sûrs que nous n'avons à craindre de vous aucun embarras : nous vous connaissons ; mais pourriez-vous empêcher que, vous sachant en France, on abusât de votre nom, et qu'on n'en profitât pour l'intrigue et le désordre ?

— Je vous ferais remarquer, monsieur, que si nous pouvions avoir aujourd'hni le moindre dessein politique, nous serions plus libres à l'étranger qu'ici d'en préparer la réalisation ; et ce n'est pas parmi ces troupes, dans ce tumulte de combats et de marches, au milieu d'hommes inquiets de l'invasion, qu'il me serait loisible de tramer des complots et de rien tenter contre vous. On doit craindre, dites-vous, que, me sachant en France, des intrigants n'abusent de mon nom. Mais n'est-ce pas une crainte vaine ? Je ne vous demande point, d'abord, de servir sous le nom qui m'appartient, et à moins que vous ne trahissiez vous-même mon anonyme, je ne vois pas comment ma présence serait connue de l'armée et du pays. Je puis garder un secret, et je vous l'ai prouvé ; car depuis deux mois j'erre en France, sans que votre police m'ait deviné ou découvert. Qui donc a parlé du prince de Joinville depuis Dreux et Orléans jusqu'ici ? et si lui-même n'avait été trouver vos généraux, auraient-ils jamais su qu'il suivait leurs soldats, qu'il était à leurs avant-postes ou même dans leurs batteries ? Non, ne dites pas que mon nom peut devenir un mot de ralliement politique : il n'a pas cette force, et ce n'est pas moi qui la lui donnerai. Jusqu'à présent, ce nom est resté caché dans celui du colonel Lutteroth, et il dépend de vous, de votre discrétion et du silence des hommes d'honneur qui m'ont accueilli ici, que ce nom reste ignoré de tout le monde. Je ne désire que l'obscurité, monsieur. Ce n'est pas la gloire que je suis venu chercher, c'est le bonheur de faire quelque chose pour la France, quelque chose qui contente l'amour passionné que j'ai pour elle.

M. Ranc ne répondit pas. Il était pensif. Non sans doute qu'il songeât à autre chose qu'à la mission dont il était chargé : cet homme froid et résolu n'était pas de ceux dont la volonté se laisse détourner par un sentiment. Le prince de Joinville l'embarrassait, voilà tout. Il y avait, en effet, tant de loyauté dans cet accent, tant de sincérité dans ce regard, tant de simplicité dans ces raisonnements, que M. Ranc se trouvait fort empêché de le contredire. Comme il se taisait, le prince de Joinville, dont le cœur commençait à s'émouvoir dans ces explications, continua ainsi :

— Vous avez parlé de partis, monsieur. Vous

n'en voulez pas qui puissent, à cette heure critique, s'agiter autour de votre gouvernement, et
vous avez raison. Mais, permettez-moi de vous le
dire : pour qu'aucune de nos inimitiés civiles ne
s'arme et ne s'élève contre vous, c'est à vous
d'abord, c'est à vous surtout, de ne parler ni agir
à la manière d'un parti. Quant à moi, je n'en
connais pas en France aujourd'hui, je n'en veux
pas connaître : je n'aperçois près de moi que des
Français, devant moi je ne vois que l'ennemi ; et
il y a une chose qui me tient lieu de tout souvenir,
de tout espoir, de tout projet, c'est le devoir qui
oblige en ce moment tout les bons citoyens à se
consacrer tout entiers à la délivrance de la patrie...
Vous n'avez pas voulu de moi. Qu'avais-je fait
pour vous être suspect ? C'est officiellement que
je vous ai plusieurs fois prié d'agréer mes services. Vous les avez repoussés. J'ai cru que, si
vous ne pouviez les accepter en plein jour et
devant le pays, vous les supporteriez dans l'ombre de l'incognito, et j'ai demandé une place
quelconque dans l'armée, sous un nom d'emprunt.
Il m'était, hélas ! facile de me dissimuler sous
un faux nom : vingt-deux ans d'exil ont changé

mes traits ; mes amis d'autrefois les ont oubliés eux-mêmes. Je pouvais donc et je peux encore prendre dans vos rangs la place obscure d'un soldat... Personne ne me reconnaissant, rien ne m'empêchait de m'y introduire à l'insu de ses chefs. Pourquoi ne l'ai-je pas fait? par un devoir de respect pour eux et pour la France. Maintenant ou plus tard, on se serait cru en droit de soupçonner mes intentions : on aurait dit qu'à la faveur d'un déguisement, j'étais venu me mêler aux troupes pour je ne sais quelles œuvres secrètes d'intérêt politique. J'ai cru plus honnête et plus sage de me présenter moi-même aux généraux : ainsi, du moins, je m'offrais à leur surveillance et à la vôtre. Le général d'Aurelle m'a refusé l'autorisation que je désirais ; le général Chanzy me l'a accordée, et lui-même vous en a prévenu, d'accord avec moi. Est-ce qu'avec tant de scrupules et de précautions, je n'ai pas mis mon honneur à l'abri de tout reproche?

M. Ranc garda le silence encore, comme si cette question ne se fût pas directement adressée à lui.

— Non, poursuivit le prince, je n'ai pas mérité qu'on me suspectât. Cherchez, monsieur, dans ma vie tout entière, je vous défie d'y trouver un acte ou un mot que n'ait inspiré l'amour de la France, un amour pur et dévoué. Rappelez-vous ce que le duc d'Aumale et moi nous faisions à Alger en 1848 : nous avons respectueusement abaissé nos épées devant la nation. Rappelez-vous aussi la docilité de notre patriotisme à Paris, le 6 septembre... Paris ! savez-vous bien que j'y suis né, et que, jusqu'à l'âge de trente ans, j'y ai passé tout le temps de mon existence que je n'ai pas employé à mes devoirs de marin ? C'est là que résident mes premiers et mes plus chers souvenirs, à moi aussi ; et quand, après avoir tant attendu dans la tristesse de l'exil l'occasion de servir encore une fois mon pays, je voyais Paris sur le point d'être assiégé, affamé, brûlé peut-être, j'avais bien le droit de participer à sa défense, j'avais bien le droit de monter sur ces remparts, devenus le dernier boulevard de notre indépendance, et dus, souvenez-vous-en, à la prévoyance du gouvernement de mon père. Eh bien, malgré ces entraînements de nos cœurs, quelle a été notre conduite ? M. Jules Favre et le général Trochu ont craint, comme vous tout à l'heure, qu'on abusât de nos noms de princes. Et, sur leur demande, nous sommes retournés en Angleterre. Mais ils ne nous avaient pas condamnés à y retourner pour toujours : à les entendre, ce n'était que pour un moment qu'il nous fallait nous éloigner. Or ce moment est passé : le gouvernement de la Défense nationale exerce sans conteste son autorité ; il n'y a plus que les Prussiens à regarder. Et voilà pourquoi je suis ici. Je vous le répète, monsieur, je n'ai qu'une pensée, celle de la patrie et de l'ennemi. Je veux, dans mes vieux jours, pouvoir me dire que, moi aussi, j'ai fait ce qu'un Français devait faire dans cette affreuse invasion. Si vous me permettez de rester dans l'armée, je suis prêt à signer l'engagement de rentrer dans l'exil dès que la guerre sera finie. Si vous m'interdisez ce qui me paraît mon droit et mon devoir, je vous obéirai, monsieur, mais vous en aurez la responsabilité devant les hommes de cœur, devant les patriotes et les bons citoyens ; et ce n'est pas moi, j'en suis sûr, que la France, au grand jour de son jugement, accusera de calculs personnels et d'esprit de parti.

M. Ranc ne put dire, pour l'excuse de M. Gambetta, que ce qu'il avait dit d'abord et ce que M. Gambetta disait lui-même dans sa lettre. En ce moment, le préfet, M. Le Chevalier, survint. Le prince, qui n'avait voulu se justifier que pour l'honneur de son nom et la satisfaction de sa conscience, n'insista pas davantage. La conversation devint pénible. M. Ranc et le préfet se retirèrent ; M. Le Chevallier pria le prince de se considérer comme son hôte et alla donner l'ordre d'apporter de l'hôtel les bagages du prince. M. Ranc annonça qu'il courait rendre compte des choses au gouvernement par un télégramme. Bientôt ils revinrent ; le prince déjeûna avec eux. Puis il resta seul, et, dès ce moment, il prit ses repas dans la chambre où il se trouvait détenu.

C'est là que le prince vit luire le premier soleil de cette funèbre année de 1871, l'année maudite de la France. Elle commençait tristement pour lui aussi. Il lui semblait entendre le pas des bataillons, le roulement des convois et des pièces, le trot des chevaux, tout le bruit de cette armée que Chanzy disposait autour du Mans pour le combat suprême ; et le prince regardait tantôt avec un morne étonnement, tantôt avec une sourde indignation, les murs de cette chambre où M. Gambetta le confinait, loin de l'action et, pour ainsi dire, hors de la patrie ! Il repensait aussi à l'inquiète affection des siens. « Où est-il ? » se disait-on sans doute à Twickenham. Eh bien, il était enfermé sous la garde de M. Ranc et par la volonté de M. Gambetta ; et il se trouvait là dans sa prison du Mans, comme naguère à la batterie des Acacias, sans qu'un seul ami le sût, sans que Jaurès et Chanzy eux-mêmes en fussent informés ! La paix mélancolique de cette captivité ne fut troublée par aucun incident durant les journées du 30 décembre, du 31 et du 1er janvier. On tenait le prince de Joinville au secret. On ne lui permettait d'expédier aucune lettre, sinon ouverte. Mais le préfet, qui semblait attiré vers lui par une secrète et vive sympathie, venait de temps en temps s'entretenir avec le prince. Il le traitait avec tous les égards possibles. Dès le 31, il lui avait proposé de se promener dans le jardin de la préfecture, et le prisonnier, qui avait besoin de l'air et de l'exercice auxquels il était habitué, avait profité de cette offre avec plaisir.

Cependant, que décidait le dictateur de Bordeaux ? L'ordre si péremptoire qu'il avait donné le 29 ne s'exécutait pas. Quatre jours déjà s'étaient écoulés. M. Gambetta hésitait-il donc ? M. Ranc avait-il éveillé en lui quelque scrupule en lui répétant les explications du prince ? est-ce qu'on sentait enfin l'odieux de cette proscription et de cette arrestation ? Quoi qu'il en fût, on ne pouvait pas le garder plus longtemps captif dans cette ville du Mans autour de laquelle se préparait une grande bataille ; et le prince commençait à s'étonner de ces délais, quand, le 2 janvier, M. Ranc reparut. Il s'assit près du feu et dit :

— Je vous apporte les ordres du gouvernement ; je regrette qu'ils ne soient pas plus favorables. On va vous reconduire à la frontière. Mais auparavant, il faut que vous signiez l'engagement de ne pas rentrer en France, pendant cette guerre, sans en avoir demandé d'abord l'autorisation au ministre.

— Et si je refuse ? répondit le prince.

— En ce cas, je vous prierai de m'accompagner à Bordeaux, où vous réglerez cette affaire avec M. Gambetta lui-même.

— Eh bien, repassez dans une heure ou deux ; je vais réfléchir.

M. Ranc revint dans la soirée.

— J'ai réfléchi, lui dit le prince ; je refuse. Si vous ne m'aviez pas enfermé ici, si vous aviez respecté ma liberté, et que, vous confiant en mon honneur, vous m'eussiez simplement communiqué vos ordres sans tout cet appareil de police, j'aurais immédiatement repris le chemin de l'Angleterre. Aujourd'hui, non content de me repousser de l'armée et de me séquestrer dans cette maison, vous m'enjoignez de vous signer des engagements pour l'avenir : je n'en signerai aucun ; non, je ne signerai pas, devant une menace, mon propre arrêt d'exil, ma condamnation. Ce ne serait pas seulement me proscrire moi-même, ce serait justifier vos rigueurs. Je ne le puis pas, monsieur, et vous devez me comprendre.

Cette fermeté émut-elle M. Ranc ?

— Je vous comprends, répondit-il ; à votre

place, j'agirais de la même manière. Comme homme, j'approuve tout ce que vous avez fait. Je ne suis ici que l'agent du ministre, et d'un ministre qui a, lui aussi, sa responsabilité.

Cette réponse, ou banale, ou sincère, ne retranchait rien à l'ordre apporté. Le prince de Joinville, qui ne voulait plus discuter, s'écria :

— Allons ! partons pour Bordeaux... A quelle heure nous en irons-nous ?

— Demain matin, par un train spécial qui nous mènera rapidement.

— Avant de partir, je n'ai plus qu'une observation à vous faire, monsieur. Jusqu'à ce jour, vous en conviendrez, j'avais protégé de toutes les précautions possibles l'anonyme auquel vous m'aviez contraint : j'ai soigneusement dissimulé ma personne ; j'ai évité les lieux où j'avais des amis, où mon visage pouvait me trahir ; j'ai toujours voulu qu'on ne me reconnût pas. Eh bien, il y a nombre de gens à Bordeaux à qui ma figure n'est pas étrangère ou qui m'ont vu dans l'exil. S'ils m'aperçoivent dans les conditions où vous m'aurez amené, s'ils soupçonnent seulement ma présence à Bordeaux, ils pourraient bien vous mettre, vous et moi aussi, dans de graves embarras. Vous devez y songer un peu.

— Ah! vraiment, c'est à se demander si, dans cette malencontreuse affaire, nous cesserons jamais de nous heurter à des difficultés!

— Mais vous pouvez consulter le gouvernement par télégramme,

— Eh! mon Dieu! voilà trois jours que je passe à télégraphier, dit M. Ranc avec un air plaisant de fatigue et d'ennui: si vous saviez ce que c'est que des télégrammes chiffrés! chacun me coûte deux heures de peine.

— A votre volonté, monsieur; demain vous me trouverez prêt à vous suivre..

— Nous verrons: je vais télégraphier encore une fois.

Et M. Ranc sortit pour aller élaborer une de ces dépêches hiéroglyphiques que, selon sa plainte, il se consumait à lire et à écrire.

Le prince commençait à souffrir de cette captivité. La nuit, ses préoccupations le tinrent éveillé: il employa cette insomnie à composer de mémoire une lettre où il justifiait sa conduite et annonçait à M. Gambetta qu'il ne prendrait jamais aucun des engagements qu'on exigeait de lui. Le lendemain matin, il transcrivit cette lettre sur un brouillon qu'il montra au préfet en lui disant : ·

— J'ai peur que cettre lettre ne serve de rien... N'est-ce pas votre avis ?

— Je ne sais, répondit M. Le Chevalier, et je me garderai bien de vous donner aucun conseil. Je n'ai aucun rôle dans cette affaire, et je ne veux pas du tout m'en mêler. C'est M. Ranc qui s'en occupe exclusivement ; c'est à lui qu'il faut communiquer cette lettre. Je vais lui en parler.

M. Ranc se présenta bientôt. Le prince lui donna sa lettre à lire. Un des paragraphes contenait ces mots : « Disposez-donc de moi, monsieur le ministre, car je ne signerai jamais mon propre exil sous une espèce de contrainte, même au prix de ma liberté. » A cette phrase, M. Ranc s'arrêta :

— Effacez ces lignes, je vous en prie, dit-il au prince. Il ne faut pas parler de votre arrestation.

— Mais alors que voulez-vous que je dise, et à quoi bon écrire ?

— Dites, par exemple : « Je retourne en Angleterre, et je m'engage... »

— Assez, monsieur ! répondit le prince, offensé de cette suggestion, blessé de cette insinuante insistance de M. Ranc ; jamais je ne prendrai vis-à-vis de vous le moindre engagement. Je vous l'avais déclaré, et c'est entendu. Il ne me reste qu'à brûler cette lettre.

— Non, non, ne le faites pas. Cherchons. Peut-être trouverez-vous autre chose.

— Je veux bien m'exprimer ainsi : « Ne pouvant, d'après vos ordres, demeurer au milieu d'une armée dont j'aurais été si heureux et si fier de partager les périls ; ne voulant pas non plus créer un embarras à ceux qui dirigent la défense nationale, je rentre dans ma famille, où j'attendrai des temps moins pénibles. » Ne me demandez pas d'autre résolution ou d'autre rédaction, je refuserais.

— Eh bien, j'accepte, et permettez-moi de prendre cette lettre ce soir. Je me charge de votre départ ; je vais en préparer les moyens. N'est-ce pas par St-Malo que vous désirez partir ?

— Il me semble, répondit le prince avec un accent de reproche, que je ne suis pas libre de choisir. J'aimerais mieux Cherbourg, moi.

M. Ranc se retira, et le prince sentit bientôt son cœur envahi d'une pesante tristesse. Cette prison, c'était encore la France ! Il fallait donc de nouveau quitter le sol de la patrie, et le quitter tout rouge de sang, couvert de morts, plein de débris ! Il fallait reprendre, chassé par M. Gambetta, ce chemin lugubre de l'exil ! Il fallait abandonner l'armée à l'heure où, près de cette même ville, le courage de la France allait tenter peut-être son dernier effort ! Le prince de Joinville était accablé de toutes ces pensées. Vers quatre heures, le préfet, entrant dans sa chambre le trouva ému, fatigué, comme alourdi de son chagrin, et, avec une délicatesse bien louable, affligé et honteux à la fois de cette captivité qu'il avait vu subir au prince et de cette dure expulsion qui allait le jeter hors de France :

— Monseigneur, dit-il d'un ton où il y avait une sorte de commisération respectueuse, je ne veux à aucun prix que vous soyez accompagné de l'homme qui vous a amené ici. M. Joigneaux, mon secrétaire général, a besoin de voir sa mère à Dinard : c'est lui qui vous accompagnera jusqu'à Saint-Malo, si vous le permettez. Pour moi, je ne puis me séparer de vous sans vous avouer combien j'ai regretté les lenteurs et les difficultés qui vous ont retenu au Mans.

— Je vous remercie, monsieur... On me conduit donc à Saint-Malo, décidément?

— Oui, les trains de Cherbourg sont encombrés, et leur marche est fort irrégulière. Ceux de Saint-Malo vont encore librement et avec exactitude. Voilà, je crois, la raison qui a fait choisir cette voie. Un bateau part demain de Saint-Malo pour l'Angleterre; je m'en suis assuré.

— Bien, monsieur, répondit le prince. Je ne vous quitterai pas, moi non plus, sans vous dire sincèrement que, malgré la rencontre désagréable où nous avons fait connaissance, j'emporte de vous un bon souvenir : je n'oublierai pas les soins et les égards que vous avez eus pour moi. Je ne vous en veux point du devoir qu'on vous a imposé : je ne me résigne pas à l'injustice dont on me frappe, mais je n'ai aucune inimitié dans le cœur. Puisse votre gouvernement réussir pour l'honneur de la France ! Je m'en vais sans haine ; je ne suis que triste. Car c'est une profonde douleur pour moi, voyez-vous, que de m'éloigner d'une armée qui tient en ses mains le dernier espoir de la France, qui ne court pas après une journée de vaine gloire, et où j'avais compté servir mon malheureux et cher pays.

M. Le Chevalier s'inclina, en disant adieu au prince d'une voix tremblante d'émotion. Puis, au moment de franchir le seuil de la porte, il revint vivement, prit les mains du prince, les serra fortement, et partit.

Quelques instants après, M. Ranc entrait à son tour, et le prince lui remit sa lettre. Ce ne fut pas sans étonnement qu'il aperçut M. Ranc pénétré d'un sentiment de regret à ce dernier instant. M. Ranc, en effet, qui jusqu'alors lui avait paru froid, énergique, inflexible comme un sectaire, lui parla ainsi en le quittant : « Croyez au réel chagrin que je ressens de vous avoir connu dans une circonstance aussi pénible. J'ai été désolé des fonctions que j'avais à remplir auprès de vous. Je vous ai plaint et admiré. Je me souviendrai toujours d'un mot de vous qui m'a été au cœur. Vous m'avez dit, dans notre premier entretien : « J'aurais voulu combattre avec vous, vaincre avec vous, ou être vaincu avec vous. » C'était noble et juste. Dans un cas semblable , j'aurais été fier de penser ainsi. Adieu, monsieur. » M. Ranc avait raison , en plaignant le prince de Joinville, d'admirer l'âme d'où était partie cette belle parole de prince et de patriote : il n'est pas d'homme, dans notre histoire , qui en ait prononcé de plus généreuse.

Ce fut pour le prince de Joinville son dernier soir de captivité au Mans et de séjour en France. Vers une heure du matin, le préfet vint l'avertir qu'on était au moment du départ. Une voiture attendait le prince ; il y monta avec le secrétaire général de la préfecture, M. Joigneaux [1], et n'eut qu'à se louer, durant ce voyage, de sa déférence attentive et délicate. Aucun incident ne survint. Mais le prince de Joinville souffrait cruellement au fond de son âme, et quand à Saint-Malo il aperçut la mer, ce vague chemin de l'étranger, cette surface immense où il n'y a plus de patrie, il eut

---

[1] M. Joigneaux qui accompagnait le prince de Joinville, était le fils d'un ancien rédacteur de *la Feuille du village*, qui siége aujourd'hui à la gauche de l'Assemblée.

un serrement de cœur douloureux, et, se tournant vers M. Joigneaux :

— Votre père a connu l'exil, monsieur, et il en est revenu. Vous devez comprendre qu'il est dur d'y retourner.

— Je souhaite que ce soit pour peu de temps.

— Mais si vous me repoussez, répondit le prince, quand nous avons pour nous rapprocher une seule et même pensée, celle de la défense nationale, consentirez-vous jamais à nous ouvrir les portes de la France, quand il n'y aura plus dans toute la nation que des haines politiques pour nous séparer ?

Et ces mots furent les adieux du prince de Joinville à cette noble terre de France où régnait la dictature de M. Gambetta. Il tendit la main à M. Joigneaux, resté silencieux, et descendit sur le navire qui le ramena en Angleterre [1].

---

[1] Voir à la fin du volume la déposition de M. Ranc devant la commission d'enquête parlementaire.

VII.

Exilés ou non, ceux qui aiment leur pays n'en quittent pas le rivage sans en regarder la côte jusqu'à ce qu'elle se perde dans le lointain horizon, et si c'est la nuit, sans regarder les feux du phare qui marque le port, jusqu'à ce que la lumière en disparaisse dans un dernier point imperceptible. Cette côte, cette lueur, leur représente la patrie ! Le prince de Joinville éprouvait quelque chose de plus que cette mélancolie, quand, du sabord d'où il la contemplait, la France s'effaçait peu à peu au bout du ciel et de l'eau ; il pensait à ce qu'elle était, à ce qu'elle devenait, à ce qu'il venait de voir et de sentir.. Il se disait : «Les Prussiens approchent du Mans : j'étais sur le champ de bataille. Eh bien, moi qui ne nuisais à personne, pays ni gouvernement, on m'en a chassé ! On m'a ôté le droit d'être Français dans le péril de la France ! » Il songeait aux étranges et nombreuses aventures de la vie qu'il menait depuis trois mois, dans cette dramatique période de révolution et d'invasion. Tour à tour, il revoyait dans son esprit les Ardennes, Paris, Amiens, Dreux, Orléans, la batterie des Acacias, les routes du Vendômois et sa prison du Mans. Il s'était trouvé, en France, partout où arrivait l'ennemi; mais, hélas ! il n'avait pu qu'y errer, demandant à tout le monde l'honneur d'y rester au moins assez pour faire son devoir. Quand cesserait la nouvelle expulsion qui le renvoyait? Et puis, il rentrait désespéré : il avait eu la réalité sous les yeux, il savait : il avait perdu les illusions auxquelles on se laissait tromper de loin, et que les siens peut-être avaient peine à écarter d'eux à Twickenham. Il pouvait presque dire l'heure où la France allait succomber; il rapportait à son foyer ce désespoir, sans avoir eu la patriotique compensation de tant d'autres, c'est-à-dire la fierté de participer à la dernière lutte.

Le prince de Joinville rentra à Twickenham, écrasé sous tous ces regrets. Quelques jours après son arrestation, on avait raconté au Mans qu'il avait été mis en prison. Chanzy, à qui cette

rumeur arriva, s'émut et prit des renseignements. « Voulant savoir, dit-il, d'où pouvait
provenir ce bruit, auquel il n'attachait aucune
importance, il fit demander au préfet s'il savait
ce qu'était devenu un colonel américain du nom
de Lutteroth, qui avait séjourné quelques jours
dans la ville. Le préfet, M. Le Chevalier, répondit qu'il n'avait aucune connaissance de ce personnage [1] » Quand plus tard Chanzy apprit la
vérité, la brutale et perfide politique de M. Gambetta lui parut blessante à lui-même, et ce sentiment, il l'a nettement marqué dans les lignes
suivantes d'une note où il a mentionné les services de Robert-le-Fort : « Bien que froissé des
mesures prises au Mans, à son insu, par la délégation de Bordeaux, à l'égard du prince de Joinville, après la conduite qu'il avait tenue dans
cette circonstance, s'il avait su officiellement que
le duc de Chartres était dans l'armée, son devoir eût été de faire ce qu'il avait fait pour le
prince de Joinville ; le même refus du gouvernement se serait sans doute de nouveau produit, et

[1] Chanzy, *la Deuxième armée de la Loire*, page 530.

il n'eût point admis qu'il fût accompagné des
mêmes procédés, ne voyant là qu'une question
d'honneur militaire, et non une question politique [1]. »

Quant au prince, il reçut, quelques jours
après son arrivée, la nouvelle de la funeste défaite du Mans. Dans cette journée, la dernière
espérance de la France avait péri sur la Loire,
comme un peu plus tard elle périt à Paris et
dans l'Est. Il resta en Angleterre. La légende de
ses aventures commençait à se répandre vaguement à l'étranger. Le *Times* en parla. Mais son
récit contenait des assertions erronées dont la
malveillance eût pu profiter, et le prince lui
adressa la lettre rectificative que voici :

A Monsieur l'éditeur du Times.

« Monsieur,

« La publicité du *Times* est trop grande pour
qu'il me soit possible de laisser accréditer, sans
rectification, le récit que vous donnez aujour-

[1] *Ibidem.*

d'hui de mon arrestation au Mans, et des circonstances qui l'ont amenée.

« Voici les faits :

« J'étais en France depuis le mois d'octobre.
J'étais allé pour offrir de nouveau mes services
au gouvernement républicain et lui indiquer ce
que, avec son aveu, je croyais pouvoir faire uti-
lement pour la défense de mon pays.

« Il me fut répondu que je ne pouvais que
créer des embarras.

« Je n'ai plus songé dès lors qu'à faire anony-
mement mon devoir de Français et de soldat.

« Il est vrai que je suis allé demander au général d'Aurelle de me donner, sous un nom
d'emprunt, une place dans les rangs de l'armée
de la Loire. Il est vrai aussi qu'il n'a pas cru
pouvoir me l'accorder, et que ce n'est qu'en spectateur que j'ai assisté au désastre d'Orléans.

« Mais lorsque plus tard j'ai fait la même demande au général Chanzy, elle a été accueillie.
Seulement, en m'acceptant au nombre de ses
soldats, le loyal général a cru devoir informer
M. Gambetta de ma présence à l'armée, et lui
demander de confirmer sa décision.

« C'est en réponse à cette demande que j'ai
été arrêté le 13 janvier [1] par un commissaire de
police, conduit à la préfecture du Mans, où on
m'a retenu cinq jours, et enfin embarqué à Saint-
Malo pour l'Angleterre.

« Je n'ai pas besoin d'ajouter que, quels que
soient les sentiments que j'ai éprouvés en étant
arraché d'une armée française la veille d'une bataille, je n'ai tenu aucun des propos que l'on me
prête sur M. Gambetta, que je n'ai jamais vu.

« Agréez, monsieur l'éditeur, l'assurance de
ma haute considération.

« FR. D'ORLÉANS, prince de Joinville.

« Twickenham, le 24 janvier. »

[1] Il y a ici une erreur de date involontaire et mani-
feste. La date du 13 janvier n'a pu être, en effet, indi-
quée que par méprise, comme le fait voir notre récit, et
comme le fait aussi remarquer le général Chanzy, dans
sa note de la page 531 (*la Deuxième armée de la Loire*).
Au reste, rien ne corrige mieux cette erreur que la lettre
même d'adieux et de remerciments écrite par le prince
de Joinville au général Chanzy, le 29 décembre, peu
d'heures avant qu'on l'arrêtât : cette lettre que nous
avons citée plus haut précise la date en question.

L'Assemblée nationale a rendu aux Bourbons de France leurs droits de Français et de citoyens : la vue de la patrie leur est libre maintenant. Le prince de Joinville, deux fois élu député le 8 février 1871, siége à l'Assemblée avec le duc d'Aumale ; son gendre, le duc de Chartres, décoré sous le nom de Robert-le-Fort, commande un escadron de chasseurs ; son fils, le duc de Penthièvre, sert dans la marine française, et son neveu, le duc d'Alençon, dans l'artillerie. Plus heureux que le prince de Joinville pendant la guerre, ils ont obtenu, pendant la paix, une place et un rang sous le drapeau de leur pays ; ce qu'il demandait comme à la dérobée, l'honneur de se battre en secret et de tomber inconnu au milieu de nos soldats, ils n'auront pas, comme lui, à le solliciter de refus en refus ; ils paraissent au grand jour, avec leur grade, sur leur vaisseau ou dans leurs régiments ; et déjà, en 1871, le duc de Chartres, dans l'insurrection de l'Algérie a pu, au soleil, sans plus cacher son nom que son épée, charger les Arabes en tête de ses compagnons d'armes. Le prince de Joinville, enfin, a recouvré le plus cher de ses titres, celui de vice-amiral, tandis que les ducs d'Aumale et de Nemours, comme généraux, ont repris possession des leurs dans l'armée. La France a réparé ainsi l'injustice du gouvernement de la Défense nationale ; car, comme elle l'a compris, M. Gambetta, en proscrivant le prince de Joinville de l'armée et du combat, la veille de cette bataille du Mans où il y avait tant de place pour tout le monde dans le devoir et la mort, M. Gambetta n'obéissait qu'aux soupçons d'un fanatique républicanisme. Il l'a prouvé une fois de plus quand, dans l'Assemblée nationale, au mois de juin 1871, il repoussa la proposition d'abroger les lois d'exil pour la famille des Bourbons. En cette circonstance, il oubliait non-seulement son vote de 1870, ce vote où il s'associait à M. Estancelin pour demander au gouvernement impérial que les princes d'Orléans pussent rentrer en France ; il oubliait encore les promesses que faisait en son nom M. Ranc, quand celui-ci, pour extorquer du prince un engagement, déclarait que son exil serait momentané seulement, et qu'il cesserait avec la guerre.

Le gouvernement de la Défense nationale avait

menti à son beau nom en devenant le gouvernement d'un parti. Il avait dit à Tours, le 24 septembre, en exhortant la patrie à la « lutte à ou-
trance », après l'entretien de Ferrières : « La
France accepte cette lutte et compte, pour la sou-
tenir, sur le patriotisme de tous ses enfants ; »
et il avait manqué à cette parole en refusant les
services des princes d'Orléans, ces fils de France,
qui lui apportaient les épées d'un vice-amiral,
de deux généraux et de trois officiers. Il avait
méconnu les égards qu'il devait à l'honneur de
notre pays en excluant les petits-fils de Henri IV
de ces armées où il admettait tous les révolu-
tionnaires de la démagogie cosmopolite. Enfin,
M. Gambetta avait encore aggravé l'outrage en
livrant le prince de Joinville à sa police, en le
détenant et en l'expulsant. Le prince de Joinville
ne fût-il pas sacré par le souvenir de trois victoires
glorieuses à la marine française, l'était dans cette
invasion, pour avoir combattu les Prussiens dans
les batteries d'Orléans. Au surplus, fausse mémoire que celle de ces mêmes républicains qui,
sous l'Empire, s'indignaient des proscriptions,
n'en voulant pas plus pour les princes que pour

les autres citoyens, et qui s'en allaient répéter partout ce vers de Victor Hugo :

Oh ! n'exilons personne ! oh ! l'exil est impie !

Et maintenant, aux jours d'une guerre désastreuse, ils renvoyaient à la frontière des exilés dont le courage et les talents méritaient l'accueil de la France ! En vérité, elles étaient plus généreuses, ces jalouses républiques de l'antiquité, dont ils ont appris, dès le collége ou par la tradition des jacobins, à faire leur idéal. Un jour qu'on se battait à Salamine, un banni arriva sur le champ de bataille, prit place parmi ses proscripteurs, lutta et vainquit avec eux, sans qu'en le reconnaissant, un seul eût pensé à le chasser du poste usurpé par son patriotisme et sa bravoure : cet exilé, c'était Aristide ; ces proscripteurs, c'étaient les Athéniens ; et leur ingratitude rougissant d'elle-même, leur défiance désarmée ce jour-là, répudiaient bientôt leur iniquité pour le rappeler dans cette patrie qu'il savait si bien servir [1].

---

[1] « Interfuit autem pugnæ navali apud Salaminam, quæ facta est priusquam pœnà liberaretur. » (*Vie d'Aristide*, Cornelius Nepos.)

Ah ! reconnaissez-le, M. Gambetta n'est pas un citoyen de la république athénienne, et ses farouches rigueurs eussent bien étonné les âmes vaillantes et nobles de ce peuple de soldats, de lettrés et d'artistes !

Quel que soit l'avenir de la France, notre histoire citera avec honneur ce prince qui s'en allait mendiant d'armée en armée le droit de défendre son pays avec le plus humble de ses défenseurs. Qu'on insulte tant qu'on voudra à cette grande royauté française dont la politique et les armes nous conquirent tant de villes et de provinces, maintenant perdues, il n'en restera pas moins vrai que les derniers descendants de ces preux qui s'appelaient Hugues Capet, Philippe Auguste, saint Louis, Jean le Bon, Charles VIII, François Ier et Henri IV, on les a vus braves et fiers devant l'étranger dans cette guerre de 1870, où la patrie mêlait ses propres débris à ceux de leurs trônes. Le comte de Chambord protestait devant l'Europe contre les vainqueurs qui bombardaient Paris [1] ; les princes d'Orléans accouraient pour com-

----

[1] Voir la deuxième pièce justificative.

battre, et, comme on refusait leurs épées, ils s'en allaient chercher secrètement une occasion de verser leur sang pour la France. Ce sont là des actes dignes de leur nom et de leurs aïeux : de quelque parti qu'on soit, il suffit d'être Français pour y applaudir. S'il était dans les conseils de Dieu que la royauté eût pour jamais cessé de présider à nos destinées, au moins pourrions-nous encore le remercier d'avoir permis que cette royauté sans couronne eût, avant de finir, cet éclat d'un beau souvenir chevaleresque, précieux à l'honneur de notre nation tout entière. Quoi qu'il arrive, la France n'aura pas eu à rougir, dans ses malheurs, des fils de ses anciens rois : ils ont compris leur devoir de soldats et de citoyens, et ils l'ont fait. République ou non, destinée à périr ou à ressusciter, elle leur aura dû une lueur de gloire de plus dans ses humiliations, et elle pourra joindre leur mémoire à celles qui la recommanderont, cette pauvre France immortelle, à l'admiration ou au respect de toutes les postérités.

PIÈCES JUSTIFICATIVES.

Devant la commission d'enquête parlementaire, M. Ranc a raconté brièvement ces mêmes faits. On lit au volume 11 des dépositions (page 65):

« *M. le président.* — Vous avez été chargé, par M. Gambetta, d'aller au Mans déclarer à M. le prince de Joinville qu'il devait quitter le sol de la France ?

« *M. Ranc.* — Parfaitement.

« *M. le Président.* — Voulez-vous nous dire comment vous avez rempli cette mission?

« *M. Ranc.* — Je m'en rapporterai volontiers, sur ce point, au récit de M. le prince de Joinville lui-même.

« J'avais reçu d'un citoyen du Mans une lettre qui me désignait un colonel américain comme un espion prussien ; en me donnant son signalement, on me parlait de sa surdité, que l'on croyait feinte. L'idée m'était venue que c'était probablement le prince de Joinville. Le lendemain, je recevais une dépêche de M. Gambetta, qui était à Lyon et qui me prévenait que M. le prince de Joinville devait être au Mans, sous le nom d'un colonel américain. Je suis parti de Bordeaux, je suis venu au Mans avec un commissaire de police. Je prévins le préfet ; je fis faire des recherches le plus secrètement possible ; je ne voulais pas que du bruit pût se produire autour de cette affaire. Au bout de deux jours, j'appris que l'on croyait que M. le prince de Joinville habitait un hôtel sous le nom d'un colonel américain. J'envoyai le commissaire de police qui m'avait accompagné inviter ce personnage à passer à la préfecture. M. le prince de Joinville se rendit immédiatement à la préfecture et me dit : « Je suis le prince de Joinville. » Je lui répondis : « Monsieur, jusqu'à ce j'aie reçu les ordres du « gouvernement, veuillez considérer cette chambre « comme la vôtre. » Il répliqua : « J'y suis bien « forcé ! »

« Il est resté là quatre ou cinq jours, entièrement libre dans la préfecture. Je le priai seulement de ne pas se montrer à la grille du jardin, de peur que quelqu'un ne le reconnût. J'aurais été fâché que le bruit de son arrestation se répandît dans la ville ; cela aurait donné lieu aux attaques violentes de la part des journaux modérés, et, d'un autre côté, j'aurais eu une manifestation populaire me reprochant justement de trop bien le traiter et me demandant l'égalité dans la détention.

« Je télégraphiai à M. Gambetta, et, au bout de cinq à six jours, je dis à M. le prince de Joinville que je devais le faire reconduire à Saint-Malo. Je ne l'ai pas fait conduire par des gendarmes ni par des agents de police, comme le disent les honnêtes journaux dont je parle ; je l'ai fait accompagner par le secrétaire général de la préfecture du Mans, le fils d'un de vos collègues, M. Joigneaux.

« Le prince de Joinville m'a remercié avec une certaine effusion des soins que j'avais eus de lui ; je lui dis que je l'avais traité seulement comme je désirais qu'on traitât les républicains quand on les arrêtait.

« Si vous voulez me demander d'autres explications, je suis prêt à vous les fournir.

« *M. le Président.* — Je ne vous demanderai rien de plus. Les conversations qui ont pu avoir lieu entre M. le prince de Joinville et vous ne regardent pas la commission.

« *M. Ranc.* — Oh ! nous avons causé de Paris et de la défense ! »

Protestation contre le bombardement de Paris.

7 janvier 1871.

Il m'est impossible de me contraindre plus long-temps au silence.

J'espérais que la mort de tant de héros tombés sur le champ de bataille, que la résistance énergique d'une capitale résignée à tout pour maintenir l'ennemi en dehors de ses murs, épargnerait à mon pays de nouvelles épreuves. Mais le bombardement de Paris arrache à ma douleur un cri que je ne pourrais contenir.

Fils des Rois chrétiens qui ont fait la France, je gémis de ses désastres. Condamné à ne pouvoir les racheter au prix de ma vie, je prends à témoin les peuples et les rois, et je proteste, comme je le puis, contre la guerre la plus sanglante et la plus lamentable qui fut jamais.

Qui parlera au monde, si ce n'est moi, pour la ville de Clovis, de Clotilde et de Geneviève ? pour la ville de Charlemagne et de saint Louis, de Philippe-Auguste et de Henri IV ? pour la ville des sciences, des arts et de la civilisation ?

Non ! je ne verrai pas périr la grande cité que chacun de mes aïeux a pu appeler : *Ma bonne ville de Paris.*

Et puisque je ne puis rien de plus, ma voix s'élèvera de l'exil pour protester contre la ruine de ma patrie ; elle criera à la terre comme au ciel, assuré de rencontrer la sympathie des hommes, en attendant tout de la justice de Dieu.

HENRI.

IMPRIMERIE E. CHENU, A ORLÉANS.